PODER——
DE——
Orar
Juntos

STORMIE OMARTIAN
CON JACK HAYFORD

Publicado por
Editorial Unilit
Miami, Fl. 33172
Derechos reservados

© 2004 Editorial Unilit (Spanish translation)
Primera edición 2004

© 2003 por Stormie Omartian y Jack Hayford
Originalmente publicado en inglés con el título:
The Power of Praying™ Together por
Harvest House Publishers
Eugene, Oregon 97402
www.harvesthousepublishers.com
Todos los derechos reservados.

THE POWER OF PRAYING™ TOGETHER
Copyright © 2003 by Stormie Omartian with Jack Hayford
Published by Harvest House Publishers
Eugene, Oregon 97402

Traducido al español por: Raquel Monsalve

Las citas bíblicas se tomaron de la Santa Biblia Nueva Versión Internacional. © 1999 por la Sociedad Bíblica Internacional.

Las citas bíblicas señaladas con RV-60 se tomaron de la Santa Biblia, Versión Reina Valera 1960. © 1960 por la Sociedad Bíblica en América Latina.

Las citas bíblicas señaladas con DHH se tomaron de *Dios Habla* Hoy, la Biblia en Versión Popular. © 1966, 1970, 1979 por la Sociedad Bíblica Americana, Nueva York.

Las citas bíblicas señaladas con LBLA se tomaron de la Santa Biblia, *La Biblia de Las Américas*. © 1986 por The Lockman Foundation.
Usadas con permiso.

Producto 496755
ISBN 0-7899-1170-1
Impreso en Colombia
Printed in Colombia

Este libro está dedicado a
Anna Hayford y Michael Omartian,
sin quienes la vida estaría incompleta.

Reconocimientos

Con especial gratitud:

A Susan Martínez, por ser la mejor al administrar, escuchar, dar consejos y fiel apoyo, como compañera de oración y amiga constante.

A Anna Hayford, por su fortaleza, constancia, sabiduría, amor, sentido del humor y fe sólida como la roca.

A Michael Omartian, por su amor, fidelidad y tiempo que pasa cocinando todas esas fabulosas comidas para que se pudiera terminar este libro.

A Roz Thompson, Susan Martínez y Amanda Omartian, por todas sus oraciones poderosas y llenas de fe.

A Bob Hawkins, hijo, Carolyn McCready, Teresa Evenson, Julie McKinney, LaRae Weikert, Mary Cooper, Terry Glaspey, John Constance, Betty Fletcher, Kim Moore, Peggy Wright y la familia entera de Harvest House, por toda su amabilidad, su ánimo y apoyo.

Contenido

Porque donde están dos o tres congregados en mi nombre, allí estoy yo en medio de ellos.

MATEO 18:20

Un mensaje para nuestro tiempo

Tal vez se esté preguntando: «¿Por qué Stormie Omartian y el pastor Jack Hayford escriben juntos un libro sobre la oración? Durante años han escrito libros, cada uno por separado, sobre la oración».

En realidad, yo (Stormie) *misma* me he estado formulando esa pregunta. Solo que la expreso de manera un poco diferente: *¿Por qué el pastor Jack Hayford consentiría en escribir un libro conmigo? Él no me necesita ni a mí ni a ninguna otra persona, y yo no me siento digna de tener mi nombre en la portada del mismo libro. Él ha escrito libros sobre la oración que me hacen sentir reserva de decir que yo también he escrito libros sobre la oración, cuando los suyos son tan excelentes.*

Los cientos de miles de personas que conocemos al pastor Jack estamos de acuerdo en que él es uno de los mejores maestros de la Biblia de hoy en día. Los que nos hemos sentado a escuchar sus enseñanzas tenemos un vínculo común de amor por el Señor, una comprensión clara de la Palabra de Dios y sus caminos, y un amor profundo y duradero por el pastor Jack.

Cada vez que hablo en algún lugar, cuento la historia de cómo llegué a conocer al Señor. Cuado menciono el nombre del pastor Jack, la gente de la audiencia responde con vítores, aplausos o profundos suspiros. Hace poco estaba dando una charla en un lugar en el que me tuve que comunicar por medio de un intérprete, ya que allí se habla otro idioma. Cuando mencioné el nombre del pastor Jack, sucedió lo mismo, solo que con una dilación de tres segundos. Es obvio que el efecto que ejerce el pastor Jack es universal.

En términos de energía, el pastor Jack Hayford tiene un don sobrenatural que lo capacita para dejarnos a los demás en el polvo. Cuando mi esposo y yo fuimos a Tierra Santa con él y su esposa, Anna, junto con un grupo de nuestra iglesia, con afecto le llamamos en nuestra excursión: «Hoy corremos por donde caminó Jesús». Mientras yo escribo un libro, él escribe tres. En el tiempo que me lleva preparar una charla, él prepara cien sermones. No es una persona promedio, aunque él no estaría de acuerdo con esto.

Yo podría escribir quince libros sobre las cosas que aprendí del pastor Jack en los más de veintitrés años que he pasado bajo su enseñanza en la iglesia llamada Church on the Way [La Iglesia en el Camino]. En realidad, cuando lo pienso, ya lo he hecho. Cada uno de los libros que he escrito ha nacido, en parte, de lo que he aprendido allí. En casi todos los libros menciono al pastor Jack e incluyo sus citas.

He hablado de la profunda influencia que ha tenido en mi vida desde el comienzo de mi ministerio público. Ha sido más que mi pastor; fue y todavía es mi padre espiritual. Me enseñó a amar a Jesús, a adorar a Dios y a dejarme guiar por la obra del Espíritu Santo en todo lo que hago. Y me enseñó a orar. Estuve bajo sus enseñanzas durante tres años antes de casarme con mi esposo Michael, y luego juntos crecimos bajo la influencia del pastor Jack durante veinte años, hasta que nos mudamos a otro estado donde el Señor nos estaba llamando para poner en práctica todo lo aprendido.

Entonces, ¿por qué si el pastor Jack ha escrito tanto sobre la oración, sería necesario que escribiéramos juntos un libro? ¿No podría alguien ir y comprar los cuarenta y cinco libros de Jack Hayford y no tener que preocuparse de este? Sí, usted podría hacerlo y lo beneficiarían mucho. Sin embargo, yo creo, y también lo cree el pastor Jack, que este es un libro para nuestro tiempo. ¡Para hoy! Contiene un mensaje para todos los que formamos parte del cuerpo de Cristo que debemos escuchar con mucha atención. Es crucial para nuestro futuro y el futuro de la próxima generación. Dios quiere que nuestra oración corporativa mueva su mano en el mundo de acuerdo a su voluntad. Por lo tanto, eso solo puede suceder si oramos juntos en unidad y por el poder del Espíritu Santo.

Debido a que nunca he escrito nada junto a otra persona, le pregunté al pastor Jack cómo creía que debíamos escribir este libro. Él me respondió enseguida y con énfasis: «*Tú* eres la que escribe el libro. Yo te voy a mandar mis casetes y mis libros sobre este tema para refrescarte la memoria, y me dices en las partes que crees que puedo proveer ayuda adicional».

Así que eso fue lo que hice. He escuchado los casetes del pastor Jack una y otra vez, volví a leer algunos de sus libros y tuve dos reuniones con él a fin de formularle preguntas y que él llenara los espacios en blanco. También hemos tenido extensa interacción telefónica capítulo por capítulo, puesto que este ha sido un genuino esfuerzo de equipo. Le he comentado lo que he aprendido de él sobre el tema de la oración durante los últimos treinta años, y cómo lo he visto producir resultados prácticos y poderosos en mi vida y en las vidas de otras personas. Y le he pedido al Espíritu Santo que me ayude a comunicar todo esto de una manera que nos capacite a cada uno de nosotros para movernos en poder cuando oramos.

Debido a que el pastor Jack y el Espíritu Santo me han enseñado todo lo que sé sobre la oración, es apropiado que los tres escribamos este libro: el pastor Jack, yo y, como diríamos, el Escritor anónimo.

Stormie Omartian

Uno

¿Qué es el poder y cómo lo consigo?

La primera vez que vi al pastor Jack me dijo que yo era ignorante. No lo dijo de manera grosera, solo declaraba un hecho.

Había estado cantando para grabar un disco escrito por los compositores cristianos Jimmy y Carol Owens, y ensayábamos en el hogar de ellos antes de ir al estudio de grabación. Yo era la única participante del proyecto que no era cristiana. El pastor Hayford vino a ver cómo marchaban los ensayos, y cuando tomamos un descanso, Jimmy me lo presentó.

De inmediato, el pastor me formuló unas pocas preguntas en cuanto a mi relación con Dios y de forma específica me preguntó si conocía a Jesús. Le respondí con una perorata mística en cuanto a cómo mis prácticas con el ocultismo me habían enseñado a comunicarme con un poder más alto a través de la meditación y mi creencia en una fuerza creativa. Mi explicación de la Nueva Era no lo impresionó en lo más mínimo, y formuló algunas declaraciones directas en cuanto a que Jesús es el Señor y el único camino que conduce a Dios.

Yo no me tragué ninguna de las cosas que me decía y entonces me dijo que era ignorante. Nadie jamás me había dicho que era ignorante. A pesar de que salí de una niñez de terribles maltratos, casi siempre obtuve todas «A» en la escuela. Así que aunque mi opinión sobre mí era muy baja, al menos no pensaba que era ignorante.

Él no me trató con hostilidad. Es más, tuvo cuidado de explicar sus palabras.

«Eres una persona inteligente y no tonta», me dijo. «Cuando digo ignorante me refiero a que te falta conocimiento, es decir, no sabes lo que necesitas».

Sus palabras me hicieron sentir mejor, pero la conversación terminó de improviso cuando quedó claro que no estaba dispuesta a concordar con nada de lo que decía.

Antes de esto, mi única experiencia con la gente que hablaba de Jesús fue con personas que gritaban con tosquedad sobre Él en las esquinas de las calles, y con otras personas que me daban la impresión de que vivían vidas aburridas que a mí no me interesaba imitar. Por supuesto que mi madre siempre hablaba de Jesús, pero estaba loca y era mala, y sus palabras hacían que Él pareciera tan loco y malo como ella. Nunca escuché a ninguna de esas personas porque su forma brusca e insensible me resultaba desagradable. Era lamentable, pero asociaba a todos los cristianos con ellos.

Sin embargo, me di cuenta de que los cristianos con los que cantaba para grabar esos discos eran muy diferentes. Eran amorosos, amables, pacíficos, dinámicos e inteligentes; no eran para nada rudos ni agresivos. Me sentí atraída hacia ellos debido a su forma de ser. Aun así, todavía no estaba dispuesta a aceptar lo que decía el pastor Hayford. Es más, descubrí que me intimidaba debido a que era confiado, fervoroso y directo de manera abrumadora. Por cierto, no quería estar cerca de él de nuevo si me iba a hacer sentir incómoda con esa clase de preguntas. Lo descarté por completo a él, y también a todos los demás cristianos, como a personas no tan «iluminadas» como yo. No me importó que *ellos* parecieran felices y yo fuera desdichada.

En primer lugar, yo estaba en aquella sesión de grabación por una amiga llamada Terry. Era una de las mejores cantantes que escuchara jamás y solo tenía veinte años de edad. Yo tenía veintiséis. Me maravillaba de cómo siendo tan joven podía tomar cualquier pieza musical, sin importar lo difícil que fuera, y cantarla sin haberla visto nunca antes con perfección, calidad y gran matiz de voz. Era la que contrataba las sesiones que hacíamos juntas, lo que quiere decir que era la que empleaba a los cantantes. No muchas personas de veinte años son las que contratan, así que la respetaba mucho.

Terry y yo nos habíamos hecho buenas amigas en los dos años que trabajamos juntas en programas de televisión y sesiones de grabación. A ella le gustaba el hecho de que yo siguiera su dirección y acoplara mi voz a la de ella en lugar de tratar de competir con su voz. Terry hablaba mucho de su fe en Jesús y de la iglesia a la que asistía, pero debido a que no estaba en la sala cuando conocí a Jack Hayford, no me di cuenta de que era el pastor de la iglesia *de ella*.

No volví a ver al pastor Hayford de nuevo hasta más de un año después. Durante ese tiempo, mi vida fue cuesta abajo. Todo mi temor, ansiedad, desesperación, odio por mí misma y dolor emocional aumentaron al punto de que me deprimí tanto que casi no podía funcionar. Había sufrido con la depresión durante muchos años porque me crió una madre con una grave enfermedad mental. Me encerraba en un armario durante gran parte de mi temprana niñez y eso destrozó cualquier sentido de valor o esperanza que hubiera podido tener por mi futuro. Debido al dolor, a la tristeza y a la desesperación que sentía todo el tiempo, me involucré con las drogas, el alcohol, las religiones orientales, el ocultismo y las relaciones erróneas para tratar de ocultar mi estado. Sin embargo, estos métodos solo trajeron alivio temporal y luego me arrastraron aun más abajo que antes. Por último, llegué al final de la cuerda y decidí que no valía la pena seguir viviendo.

Hacía dos programas de televisión a la semana, lo cual quería decir que trabajaba entre doce y catorce horas diarias, los siete días de la semana. Era una locura para cualquier persona que hiciera eso, pero yo era demasiado insegura como para rechazar trabajo. Iba camino a estrellarme contra una pared y lo comprendía, pero no sabía cómo detenerme. Mi vida entera parecía un error, fracaso y desastre colocados unos encima de otros, y yo estaba cansada de vivir como si no hubiera nada malo. Lo había probado todo para tratar de encontrar un camino de salida a ese dolor, pero también había fracasado en esto. Con seriedad y de forma meticulosa planeé suicidarme y cómo lo haría parecer una sobredosis de drogas accidental para que mi hermana y mi padre no se hirieran por eso. Sabía que mi madre casi ni se daría cuenta.

Cuando uno de mis programas de televisión terminó por la temporada, Terry me llamó para que firmara a fin de realizar otra sesión de grabación. Mientras estábamos sentadas juntas durante un período de descanso, le comenté algo de lo que estaba sintiendo. Sin embargo, no mencioné la parte del suicidio. Aun en este tiempo de desesperación en mi vida, no quería que nadie supiera sobre mis planes secretos.

«Puedo ver que no estás bien», me dijo Terry. «¿Por qué no vienes conmigo a ver a mi pastor? Es una persona sorprendente y sé que te puede ayudar».

Cada vez más me hablaba de su fe en Dios siempre que estábamos juntas, pero lo hacía de una forma tan gentil y atractiva que no me sentía molesta. Es más, me sentía atraída al estilo de vida que ella había adoptado. Siempre parecía estar llena de vida, propósito y claridad, y desprovista por completo del sentido de culpa y condenación propia que tan destructivas eran para mí. Sin embargo, yo todavía me consideraba demasiado educada e inteligente para creer de verdad en algo tan absurdo como lo que hablaba. Decía que un hombre llamado Jesús, quien se llamaba a sí mismo el Hijo de Dios, murió por mí para que todos mis pecados pudieran ser borrados y yo tuviera vida eterna con Él.

Claro, seguro, pensaba para mis adentros. *¿Y dónde entran Santa Claus y el conejo de la pascua? ¿Tal vez detrás del hada madrina?*

Aunque me parecía que Terry y las otras personas de la sesión de grabación tenían creencias más bien peculiares y «sin luces», reconocía que eran personas agradables y que tenían bien marcado un espíritu puro, sencillo, dulce, amoroso y sin complicaciones.

Si solo pudiera creer en algo tan estrafalario y mi cerebro estuviera tan adormecido a la verdadera realidad como el de ellos, pensé.

A pesar de todo lo mal que me encontraba en ese momento, todavía vacilé en responder de forma positiva a la petición de Terry. No obstante, esta vez ella me presionó más sobre el asunto de lo que había hecho antes.

«¿Qué vas a perder, Stormie?», me preguntó con urgencia en la voz. «Solo ve a conocerlo».

Me detuve por un momento para dar una mirada al espejo de mi vida y el reflejo que vi fue horriblemente frágil y oscuro. ¿Estaba al borde de la destrucción y todavía rehusaba aceptar la mano que tal vez lograra sacarme de la arena movediza en que me hundía? Dándome cuenta de que no tenía nada que perder, porque en realidad no tenía nada para comenzar, al final le dije: «Está bien, voy a ir a conocerlo».

Terry hizo los arreglos para ir a buscarme a mi casa unos días después y llevarme a conocer a su pastor a un restaurante popular cercano. Fue lo bastante astuta como para no tenerme la confianza de que yo fuera a ir allí por mis propios medios. Cuando llegamos, él ya estaba allí esperándonos en una mesa.

«Te presento a Jack Hayford», me dijo ella, «pero todo el mundo lo llama pastor Jack».

Él extendió la mano con afecto y yo hice lo mismo.

Pensé que su rostro me resultaba conocido, pero no recordé aquel encuentro anterior y al parecer él tampoco lo recordó. En realidad, no recordé que este era el mismo hombre, hasta más de un año más tarde.

Después que la camarera nos tomara la orden, el pastor Jack me formuló algunas preguntas sobre mi vida. Yo estaba más allá del punto de pretender que todo estaba bien, así que le conté cómo me sentía. Por supuesto que omití la parte de mis planes de suicidio y de mi desquiciada madre. Pasaría mucho tiempo antes que le revelara a alguien esas dos cosas.

Le dije que me costaba mucho levantarme de mañana debido a mi severa depresión, lo cual se había convertido en una batalla diaria y dolorosa. El día y la noche anterior había trabajado dieciséis horas en los estudios de CBS filmando el programa *The Glen Campbell Show*, en el cual trabajaba como cantante, bailarina y actriz. Estaba extenuada y desanimada, y dispuesta a escuchar cualquier cosa que sonara como una razón para vivir.

Cuando el pastor Jack habló del Señor, escuché cada una de sus palabras. Enseguida tuve una vaga sensación de esperanza, aun cuando era algo muy extraño para mí. Los tres comimos y conversamos durante casi dos horas, y entonces él le pidió a Terry que me llevara a su oficina porque quería darme tres libros.

«Léelos y ven a mi oficina la semana que viene para que me digas qué piensas de ellos», me instruyó con amabilidad.

Dije que lo haría y en secreto pospuse mis planes de suicidio por otra semana.

Ese mismo día comencé a leer uno de los libros y quedé atrapada. Inclusive llevé el libro al trabajo para leerlo mientras tenía tiempo en el cual no filmaba. Cada uno de los libros hablaba de cosas que no me eran conocidas, pero todas tuvieron sentido para mí.

Uno de los libros hablaba de las realidades del mal y de cómo trabaja el diablo. Era justo lo que necesitaba escuchar porque mis prácticas en el ocultismo me enseñaron que no existe una fuerza externa del mal. Dicen que el mal se origina en la mente de uno y que solo sale del interior de la persona. Esto quiere decir que si uno es capaz de controlar la mente para pensar solo en cosas buenas, nada malo le puede suceder. La dificultad con eso fue que cuando las cosas malas me *pasaron* a mí, tuve que condenarme a mí misma. Y el peso de esa carga era demasiado para llevarlo sobre los hombros. Solo aumentaba mi sentimiento de fracaso. Por otro lado, este libro que el pastor Jack me había dado mostraba cómo distinguir entre *mi pecado*, por el cual tenía la responsabilidad, y el *plan del enemigo* para destruir, del cual no tenía la responsabilidad. Revelaba cómo podía triunfar de forma victoriosa sobre los planes del mal y cumplir los planes de Dios para mi vida.

El segundo libro era sobre el poder del Espíritu Santo. Esto me intrigó mucho porque nunca había escuchado tal cosa. Me gustó leer sobre cómo el recibir a Jesús como Salvador significaba que el Espíritu Santo de Dios vendría y viviría en mí y me transformaría desde adentro hacia fuera. Si esto era en realidad verdad, lo quería más de lo que quería ninguna otra cosa en el mundo.

El tercer libro fue en realidad el Evangelio de Juan de la Biblia en forma de libro. Explicaba quién fue Jesús... y quién *es*... y cómo proveyó una manera para liberarme de todo mi pecado y fracaso. Podía recibir una infusión de vida al creer en Él, y Él me daría el poder de vivir de esta manera. Cada palabra de ese libro alimentó mi espíritu y habló vida a mi alma. Ya había leído pequeñas porciones de la Biblia antes, pero nunca habían significado mucho para mí más allá de ser historia interesante, bonita poesía y un ejemplo de literatura de aquellos tiempos. Aunque ahora, por razones que no lograba entender, mis ojos se abrieron a esto y cobró vida cada palabra. No fue sino hasta meses después que me di cuenta que había gente orando por mí para que yo lograra discernir la verdad de las cosas de Dios.

Cuando a la semana siguiente Terry me llevó de vuelta a la oficina del pastor Jack, él me preguntó qué pensaba de los libros.

«Creo que son verdad», le respondí.

Entonces me preguntó si quería recibir a Jesús como mi Salvador y le dije que sí. Cuando él y Terry oraron por mí, sentí una oleada de paz. No sabía muy bien lo que había hecho, pero cancelé mis planes de suicidarme y por primera vez, desde que podía recordar, sentí esperanza.

Siguiendo la sugerencia del pastor Jack, comencé a asistir a la iglesia todos los domingos por la mañana con Terry y su esposo. Desde el primer culto al que asistí en la iglesia Church on the Way, me sentí como en casa.

El edificio de la iglesia era una pequeña capilla vieja y blanca, con una cúpula alta, como las que se ven en las tarjetas de Navidad. Lo único que faltaba era la nieve. Sin embargo, no había nada viejo en lo que sucedía adentro. Estaba inundada de nueva vida. El santuario estaba repleto de gente de todas las edades, colores, tamaños y formas. Se habían traído sillas adicionales y las habían colocado en todos los lugares que había espacio disponible, aun en la plataforma y detrás del púlpito.

En el instante en que entré, sentí una presencia fuerte, amorosa, consoladora, sanadora y liberadora. Era tan poderosa y conmovedora, que lloré durante casi todo el culto. Y yo no era la única que se sentía de esa manera. Llegué a comprender que lo que todos sentíamos en ese lugar era el amor de Dios y la presencia de su Espíritu Santo. Fue algo que nunca antes había experimentado, y trajo tal sanidad y restauración a mi vida que cambiaba de alguna forma sorprendente e innegable cada vez que iba a ese lugar.

La parte de la adoración del culto era algo que transformaba vidas. Cualquier dureza de corazón que hubiera llevado conmigo, pronto desaparecía y el gozo sustituía toda ansiedad y temor. Adoramos a Dios durante casi una hora, pero el tiempo voló. Cada canción de adoración, coro de alabanza o himno que cantamos, trajo libertad a mi alma y años de lágrimas sin derramar se sintieron como lluvia refrescante.

El pastor Jack se puso de pie para enseñar la Biblia y fue el mejor orador que escuchara jamás. Hablaba con conocimiento y hacía pensar, y no era ni aburrido ni confuso, y yo escuché con atención cada una de sus palabras. Hizo que las Escrituras cobraran vida para mi entendimiento y cada versículo llegó a ser pertinente para mi vida de inmediato.

Sentía que crecía en las cosas de Dios todas las semanas. Mis ojos se abrían a un mundo que no sabía que existía. Un mundo en el que cualquier cosa era posible porque estaba aprendiendo a caminar y a orar al *Dios* de lo *imposible*.

Me di cuenta de que si quería que se respondieran mis oraciones, no solo enviaba una lista a Dios como si Él fuera un gran Santa Claus en el cielo. Había algo que se requería de mí. Tenía que limpiar mi vida y estar en el buen camino. Era preciso que leyera la Palabra de Dios y que viviera en obediencia a sus caminos. Las buenas noticias eran que no tenía que hacer que todo eso sucediera por mi cuenta. El Espíritu Santo en mí me *enseñaría* todas las cosas y me *capacitaría* para vivir de la forma en que debo vivir. Entender al Espíritu Santo fue clave para ver el poder de Dios moviéndose en respuesta a mis oraciones.

Busque sus llaves

Lo que me gustó de las enseñanzas del pastor Jack fue la forma en que ilustraba los puntos que recalcaba de una forma que para mí era fácil de entender. Se me quedaban grabadas sus ilustraciones porque se relacionaban a mi vida. En una de mis ilustraciones favoritas, comparó el poder de la oración al motor de un automóvil.

«Hay muy poco poder en la primera llave que uso en mi automóvil», dijo. «La llave de la puerta del automóvil tiene poder, pero no cobra vida sin la llave que pongo en la ignición. En otras palabras, no tengo el poder de ir afuera y marchar a una velocidad de cien kilómetros por hora, pero tengo acceso a un recurso que me puede hacer mover a esa velocidad. Jesús dijo: "Te daré las llaves del reino de los cielos" (Mateo 16:19). Las llaves significan la autoridad, el privilegio, el acceso. Algunas cosas no pueden soltarse a menos que *usted* las suelte. Algunas cosas no pueden liberarse a menos que *usted* las libere. La llave no crea el poder del motor, lo *pone* en circulación, en movimiento».

Entendí que tener posesión legal de las llaves de un automóvil era evidencia de que tenemos *derecho* a ese vehículo. De la misma manera, debido a que Jesús nos da las llaves de su reino, tenemos el derecho de venir delante de Dios en oración. «Mas a cuantos lo recibieron, a los que creen en su nombre, les dio el derecho de ser hijos de Dios» (Juan 1:12). Como sus hijos, tenemos el derecho de venir delante del nuestro Padre celestial en oración.

Tener las llaves del automóvil también significa que tenemos la *responsabilidad* de él. Asimismo, tenemos la responsabilidad de nuestra parte de la asociación con Dios en oración. Si no usamos la llave de la oración, es probable que nada pase. No va a haber nada que se ponga en movimiento ni que se abra, libere.

Nuestro problema es que a veces nos olvidamos dónde ponemos las llaves de nuestro automóvil. Lo mismo sucede en nuestra vida de oración. No sabemos dónde hemos puesto la llave que abre el poder de Dios. Nos enfrentamos a una situación... o una situación se enfrenta a nosotros... y olvidamos usar la llave de la oración para entrar y salir de ella con poder. Cada vez que pierdo las llaves de mi automóvil, le pido a Dios que me muestre dónde están y que me ayude a encontrarlas. Él siempre lo hace. Cada vez que perdamos de vista nuestra llave de oración, podemos pedirle a Él que nos ayude a encontrarla. Él también lo hará.

Encienda el motor

Una llave no sirve si nunca la usamos para abrir algo. Si la llave del automóvil no se conecta con la ignición, el poder del motor no se va a encender. El poder de Dios siempre está a nuestra disposición, pero si no usamos la llave de la oración, no somos capaces de apropiarnos de este poder para nuestras vidas.

¿Se ha preguntado alguna vez por qué hay buenas personas que aman a Dios, leen su Palabra y oran, pero que no ven su poder moverse en respuesta a sus oraciones? ¿Por qué la vida de esas personas no influye ni cambia el mundo a su alrededor a favor de reino de Dios y, por lo tanto, el mundo mira su fe como algo que no viene al caso? Es porque hay un malentendido sobre la necesidad de pedir el poder del Espíritu Santo. El amado Espíritu Santo entra a todos los creyentes, pero solo se mueve con poder en quienes lo invitan para que los capacite. Los que *no* lo invitan son como automóviles que tienen gasolina en el tanque, pero que tiene apagado el motor.

A menudo la gente vacila en orar porque no entienden el poder del Espíritu Santo que obra a través de ellos cuando oran. O no creen que el poder de Dios esté disponible para *ellos*. Con demasiada frecuencia pensamos que el poder de la oración no es algo que logre obtener alguien como nosotros. Sin embargo, Dios dice que está al alcance de todos los que lo aman con todo su ser y que aman a los demás como se aman a sí mismos.

Hay una importante correlación entre el amor de Dios y el poder de Dios. Jesús dijo: «Este nuevo mandamiento les doy: que se amen los unos a los otros. Así como yo los he amado, también ustedes deben amarse los unos a los otros» (Juan 13:34).

«Si va a funcionar como una persona que pertenece al reino, hay ciertas regulaciones por las cuales debe vivir», explicó el pastor Jack. «La ley fundamental del reino es la ley del amor. No es un casual "me hace sentir bien". Es el amor de Dios derramado en nuestros corazones (Romanos 5:5). El origen de todo poder es ese fluir del amor divino de Dios que toma posesión de nuestro corazón. Amar a los demás es una ley del reino, y usted no puede tener acción en el reino si no obedece las leyes del reino. Las llaves de Dios no encajan en nuestro reino privado. Su poder se desata cuando lo pedimos, pero no para nuestro beneficio personal».

No quiso decir que nosotros no nos beneficiamos del poder de Dios. Por cierto que lo hacemos. Todos los días. Cada vez que reconocemos que necesitamos una corriente nueva del poder de Dios trabajando en nosotros, y pedimos que el Espíritu Santo de Dios fluya a través de nosotros cuando oramos, veremos su poder moviéndose en nuestras vidas. Aun así, Él quiere que reconozcamos que su Espíritu es amor. Y si queremos una demostración del poder de Dios, el amor de Dios debe ser la fuerza motivadora detrás de todo lo que hacemos y de cada oración que elevamos.

A fin de movernos a esa clase de oración motivada por el amor, sin embargo, nuestro primer paso debe ser someternos a Dios y esperar a sus pies en oración. No se trata de que esté tratando de *no darnos* su poder, sino que quiere que dependamos de *Él* para el poder.

Después de su resurrección, Jesús visitó a los discípulos y les dijo: «Ahora voy a enviarles lo que ha prometido mi Padre; pero ustedes quédense en la ciudad [de Jerusalén] hasta que sean revestidos del poder de lo alto» (Lucas 24:49). Jesús les decía que esperaran donde estaban hasta que recibieran lo que necesitaban para lo que tenían delante.

El pastor Jack comparó esto a la ropa que usamos. «Jesús dice que no siga adelante hasta que tenga la ropa necesaria que lo prepara para lo que está por delante».

Cuando escuché esto por primera vez, una visión se cristalizó con claridad en mi mente. Vi la desnudez de una persona que ora sin estar revestida del poder de Dios y luego se pregunta por qué sus oraciones no reciben respuesta. Una cosa es estar vestido de la justicia de Dios por medio de la sangre de Jesucristo cuando nacemos de nuevo. Y eso es lo que necesitamos para pararnos delante de Dios con perfecta confianza. Aunque también necesitamos estar revestidos con poder para el propósito de ser eso para lo que nos crearon en la tierra.

«De la misma manera que necesitamos vestirnos de la armadura de Dios para la guerra espiritual», nos dijo el pastor Jack, «Jesús nos está diciendo que Él no quiere que salgamos desnudos a un mundo que necesita que estemos preparados con lo necesario a fin de ser determinantes».

El poder de Dios está a nuestro alcance a fin de que hagamos dos cosas. Una de ellas es cumplir el propósito de Dios aquí en la tierra. La otra es dar evidencia a las personas que nos rodean que Jesús está vivo. Con todo, no podemos hacer ninguna de esas dos cosas si oramos sin estar vestidos con el poder del cielo. Sin el poder del Espíritu Santo, oramos sin estar cubiertos.

Si usted es como yo, nunca le diría a Dios: «No necesito tu poder. Puedo vivir mi vida muy bien sola, así que no trates de hacer nada en mí ni a través de mí». Y, sin embargo, hay muchas personas que hacen eso todos los días. Tal vez no lo digan usando las mismas palabras, pero lo hacen al negarse a ser accesible a uno de los mayores dones que Dios nos ha dado: el don de su Espíritu Santo. Cuando entendemos que esta llave de la oración está en nuestras manos, y puede encender el poder de Dios cuando se conecta con el Espíritu Santo en nosotros, vamos a abrir y a desencadenar el poder de Dios en nuestras vidas como no lo hemos visto nunca antes.

Desencadene el poder

La primera vez que escuché hablar al pastor Jack, enseñaba del libro de Éxodo y me fascinó. Tenía muchas ganas de que llegara el momento de ir a la iglesia todas las semanas para escuchar más. Al final, me compré una Biblia, como me sugirió él, así podía leer con antelación y descubrir lo siguiente que iba a suceder.

Sobre todo quería saber más sobre la liberación de los israelitas en Egipto y sobre su viaje a la tierra prometida. Me di cuenta de que yo también había estado viviendo en esclavitud y necesitaba liberación. Cuando dijo que los israelitas vagaron por el desierto durante cuarenta años debido a su desobediencia, supe que no quería vagar por ningún desierto por no obedecer a Dios. Ya había estado en el desierto por demasiado tiempo. Quería liberarme de cualquier cosa que me impidiera moverme hacia la tierra prometida que Dios tenía para mí.

Una de las cosas de las que quería liberarme era de la depresión.

En una sesión de grabación que hice con Terry, antes de recibir al Señor como mi Salvador, ella me presentó a un talentoso joven músico llamado Michael. Tuve la oportunidad de llegar a conocerlo en esas cortas sesiones de grabación, pero no lo vi mucho después que terminaron. Era creyente y yo no lo era. Vivíamos en mundos diferentes.

Dos años y toda una vida más tarde, después que conocí al Señor, un domingo por la mañana nos encontramos en la iglesia. Había estado asistiendo por algunos meses y ese día era su primera visita a la iglesia. No mucho después de eso comenzamos a salir juntos y nos casamos cerca de un año más tarde.

Pensaba que el matrimonio me traería la clase de seguridad que me sacaría de las depresiones que había sufrido por años. Sin embargo, no lo hizo. Era obvio que la liberación no ocurriría a través de un acontecimiento externo. Iba a tener que ser un trabajo interno.

Comprendía que mi depresión no era clínica, pues las medicinas no me habían ayudado en lo absoluto. Había visto a siquiatras y ninguna cantidad de medicina me podían hacer olvidar las cosas que me dijo mi madre: que no valía nada, que no servía para nada, que no tenía un propósito en la vida, que era un fracaso y que no era buena. A esta altura en mi vida me di cuenta que mi madre no estaba sana, pero todavía luchaba de forma intensa con la creencia de que lo que dijo sobre mí era verdad. Aun cuando había estado fuera de su casa por diez años, todavía escuchaba esos casetes una y otra vez en el cerebro. Cuando fue evidente que no me liberaba de esos períodos de depresión temporal, sin importar lo que hiciera, me deprimí aun más.

¿Qué es lo que anda mal en mí?, le pregunté al Señor. *Tengo a Jesús en mi corazón, un futuro eterno contigo, un esposo que me ama y seguridad financiera por primera vez en mi vida. ¿Por qué no logro liberarme de la depresión?*

Siguiendo la sugerencia de mi esposo, fui a ver a una consejera en nuestra iglesia que tenía muchos dones en las cosas de Dios. Se llamaba Mary Anne y era la esposa de uno de los pastores. Conocía muy bien el poder de Dios para liberar a la gente de la esclavitud. Me dijo que ayunara y orara durante tres días y me dijo que ella también ayunaría. Pensaba que ese era un enorme sacrificio de parte de una persona que nunca antes había visto.

Cuando regresé a su oficina después del ayuno, me hizo hacer tres cosas. En primer lugar, tenía que confesar todos los pecados que podía recordar, lo cual fue aterrador porque yo había hecho muchas cosas malas en mi vida. En segundo lugar, tenía que renunciar a mis prácticas en el ocultismo. Aun cuando había dejado de practicar esas cosas cuando llegué a conocer al Señor, en realidad nunca había renunciado a ellas. En tercer lugar, tenía que confesar mi falta de perdón, sobre todo hacia mi madre. Después que hice esas cosas, Mary Anne y la esposa de otro pastor pusieron sus manos sobre mí cabeza y mis hombros y oraron.

En el momento en que oraron para recibir liberación de la depresión, sentí que por mi cuerpo y manos corría una oleada inconfundible que fue como una corriente eléctrica. Fue algo que nunca había sentido antes. De inmediato sentí la sensación inequívoca de que una gran carga se levantaba y quitaba de todo mi ser. Después de eso me sentí liviana y libre. Y ya no estaba deprimida.

La depresión era algo con lo que había luchado por tanto tiempo como el que podía recordar, así que me resultaba difícil creer que se había ido en realidad. Es más, para ilustrar la debilidad de mi fe, sin ninguna duda esperaba que la depresión volviera a la mañana siguiente. Y si lo hubiera hecho, todavía hubiera estado feliz de haber estado libre de la depresión aunque hubiera sido por un día. Sin embargo, cuando me desperté a la mañana siguiente, no sentí depresión. Y lo mismo sucedió a la siguiente mañana. Y al día siguiente. Y al próximo. Para mi asombro, nunca más me volvió la depresión.

No digo que nunca más experimenté depresión porque muchas cosas que causan depresión han ocurrido en mi vida. No obstante, cuando sentí depresión, fue debido a una circunstancia particular o un ataque del enemigo, y no a un antiguo sentimiento conocido. Y siempre pude ir a Dios y liberarme enseguida. Desde el momento en que la depresión paralizante se rompió en mi vida, fui una firme creyente en el poder de Dios obrando a través de personas de fe que oran.

«El Espíritu Santo es el que, por medio de su presencia fluyendo en nuestras vidas, genera el poder en nosotros», explicó el pastor Jack. «Cuando oramos, abrimos una puerta para desatar su poder. El Espíritu Santo trae el poder de Dios a nuestra vida y nos capacita para ser canales de Él. Llegamos a ser como un pararrayos cuando transmitimos ese poder en oración».

Una vez que experimenta el poder de Dios desatado en su vida mediante la oración, nunca va a volver a ser la misma persona. Tampoco se va a conformar con nada que sea menos.

Conduzca bajo la influencia de Dios

Si quiere moverse hacia un nuevo territorio en su vida, es imperativo que decida quién está en sí en el asiento del conductor. ¿Va a ser usted o va a ser Dios? ¿Va a marchar por su cuenta o está dispuesto a dejar que Dios lo guíe? ¿Se moverá en la carne o recibirá el poder del Espíritu Santo? Es importante tomar esa decisión crucial porque va a determinar la eficacia de su oración.

Jesús *siempre* se movió bajo la influencia del Espíritu Santo. Sus discípulos observaron eso. Fueron testigo de que Jesús sanaba a la gente, les echaba fuera demonios, y hacía muchos otros milagros, y ellos querían saber cómo sucedían estas cosas. Reconocían que Jesús tenía una fuente de poder que ellos no tenían. También lo veían con frecuencia ir a un lugar privado y orar, y cuando Él lo hacía, la vida y el poder de Dios se verterían en Él. Era obvio que sabían que había una conexión entre el poder y la oración porque no le pidieron que les enseñara cómo conseguir el poder. Le pidieron que les enseñara a orar. Y lo que Él les enseñó se conoce ahora como el Padrenuestro (Mateo 6:9-13; Lucas 11:2-4).

«En todo lo que Jesús hizo en la tierra, no dependió de sus propios recursos y poder como Dios», explicó el pastor Jack. «Aunque era Dios, escogió caminar como un ser humano. Cuando el Hijo de Dios se hizo carne, dejó de lado sus prerrogativas divinas como Dios y se hizo dependiente por completo de los recursos del Espíritu Santo. Hizo todo esto de forma voluntaria, nunca siendo menos que Dios, pero en humildad escogió caminar como un ser humano» (Filipenses 2:5-8).

¡Esto es lo más asombroso para mí! Aunque era el Hijo de Dios, todavía fue a su Padre en oración para recibir poder debido a todas las cosas que necesitaba hacer. Y nos enseña a nosotros a hacer lo mismo. Dios quiere que tomemos de sus recursos al ir a Él en oración buscando una nueva infusión de poder, de la forma en que lo hizo Jesús.

«Jesús no les enseño a sus discípulos el Padrenuestro para que tuvieran algo que repetir una y otra vez», explicó el pastor Jack. «Él les enseñaba cómo desatar el poder que necesitaban. Dijo que la manera de orar es reconocer primero que Dios es su Padre. ("Padre nuestro que estás en el cielo"). Esa es la base para la relación. En segundo lugar, adórelo. ("Santificado sea tu nombre"). Entonces, sobre la base de la relación su gracia se derrama sobre nosotros y la debida adoración que se le debe a su gran nombre, se nos dirige a que oremos con valentía. ("Venga tu reino, hágase tu voluntad en la tierra como en el cielo"). Estas palabras invocan en el nivel terrenal lo que Dios ordenó en el nivel celestial».

Muchas personas creen que orar «Venga tu reino» es una oración sobre algo en el futuro. Sin embargo, no es una oración para algún día. De la misma manera que «Danos hoy nuestro pan cotidiano, y perdónanos nuestras deudas» no habla de algún día en el futuro. Se refiere a ahora. Cuando oramos «Venga tu reino», estamos pidiendo que el reino de Dios invada nuestras circunstancias ahora mismo.

Al igual que Jesús, necesitamos que el Espíritu Santo nos faculte en todo lo que hacemos. El Espíritu Santo es nuestro Maestro, Ayudador y Guía, y debemos pedirle que nos enseñe a orar con fervor y pasión para que nuestras oraciones tengan poder. Debemos pedir que nos ayude a tener amor y compasión por los demás, aun por los que son difíciles de amar, para que nuestras oraciones tengan la debida motivación. Debemos invitarlo a que esté en el asiento del conductor de modo que nos guíe a donde debemos ir. Cuando nos movemos cada día bajo su influencia, lograremos cosas que de otra forma nunca podríamos hacer.

Navegue por las zonas peligrosas

Hay tres caminos que se pueden transitar en la vida: el camino del yo, el camino de Satanás y el camino de Dios. Tenemos que decidir qué camino vamos a tomar. Y es de sumo peligro tomar la decisión equivocada.

Si vamos por el camino del diablo, nos lleva a la oscuridad, la destrucción y la muerte porque él es un ladrón que viene a robar, a matar y a destruir. Si escogemos nuestro propio camino, nada va a salir tan bien como habría podido salir en nuestras vidas. Además, al final terminaremos yendo por el camino de Satanás porque es el autor de que queramos hacer las cosas de nuestra manera. Entonces, si marchamos por el camino de *Dios*, vamos a terminar en una esfera que trae vida y esperanza porque nos da poder sobre nuestro yo y sobre Satanás.

Uno de los peligros que debemos vigilar cuando viajamos a través de la vida es que nos olvidemos de quiénes somos y a dónde vamos. El día en que nacimos de nuevo, ¡recibimos nuevos papeles de ciudadanía! Nuestro nombre se escribió en el Libro de la Vida del Cordero. Nos registraron en el cielo. Ahora viajamos con papeles que prueban que nacimos de nuevo en el reino de Dios, y que representamos una autoridad más alta y poder que cualquier fuerza del infierno.

«Esa dotación de poder es maravillosa, pero debemos mantener las perspectivas», nos advirtió el pastor Jack. «Recuerden que cuando los discípulos se entusiasmaron mucho por poder echar fuera demonios, Jesús les dijo que no debían alegrarse por esto. Les dijo que debían alegrarse de que sus nombres estuvieran escritos en el cielo porque eso quería decir que sus bases de la autoridad estaban seguras mediante el trono de Dios, su reino, y que era por eso que el poder del infierno no podía prevalecer contra ellos».

Es preciso que nosotros también nos mantengamos siempre enfocados en esa verdad.

En el estado de Tennessee, donde vivo ahora, hay muchas carreteras de dos vías que son angostas y zigzagueantes. A ambos lados de estas carreteras hay zanjas de drenaje que los torrentes de lluvia a través de los años han hecho más profundas. Cuando maneja por esos lugares, debe ser diligente en mantener los ojos en la carretera porque no hay margen de error. Lo mismo sucede en nuestra vida espiritual. Debemos mantener nuestros ojos en quiénes somos en el Señor y hacia dónde nos dirigimos. En este camino tampoco existe mucho margen de error.

Debemos tener mucho cuidado de esto sobre todo en los días cuando todo marcha bien. Los árboles se ven hermosos en el otoño en Tennessee con sus colores rojo, amarillo y dorado, y en la primavera se visten de imponentes rosa, lavanda y blanco. Cuando comenzamos a enfocar nuestra atención en la belleza en lugar de enfocarla en el camino, es fácil que terminemos en una zanja. Eso les sucedió a los israelitas. Cada vez que las cosas comenzaban a ir bien, se olvidaban de mantener su foco en Dios, y en cambio se despistaban con sus propios intereses. ¿Y recuerda lo que sucede cuando comienza a querer salirse con *la suya*? Antes de darse cuenta, hace lo que quiere el *diablo* y eso conduce a una crisis.

Algunas personas son «oradoras» en las crisis. No oran por tener buena salud hasta que tienen un resultado malo de un examen médico. No oran por seguridad y protección hasta que tienen un accidente. Solo oran cuando las cosas marchan mal. Sin embargo, uno puede terminar cayéndose por un precipicio cuando navega por la vida de esa manera. Una vez que entiende el poder y la autoridad que tiene en la oración, verá que ora sin cesar y por todas las cosas.

Se dice que Satanás tiembla cuando ve al santo más débil orar de rodillas. Eso no se debe a que *nos* tenga miedo. Se debe a que sabe que, cuando oramos, el poder de Dios nos da la victoria sobre las obras de las tinieblas. Es por eso que debemos continuar orando en los tiempos buenos y en los malos, sin importar la etapa de la vida en la que nos encontramos ni el camino que transitamos.

Llegue a su destino

Cuando avanzamos con Jesús, siempre tenemos el llamado hacia arriba en la oración. Nuestra constancia y firmeza en la oración aumenta a medida que crecemos en nuestra comprensión de por qué la oración es tan importante. En lo fundamental, tiene que ver con el poder que Dios invierte en nosotros, el poder de tocar su trono en el cielo desde nuestro lugar en la tierra. Esto se explica con más claridad en las enseñanzas de Jesús sobre la oración. Y se centra alrededor de sus muy conocidas palabras: «Venga tu reino, hágase tu voluntad en la tierra como en el cielo» (Mateo 6:10).

«El reino de Dios es la extensión completa del gobierno universal de Dios», explicó el pastor Jack. «Es también una extensión en la cual el gobierno de Dios obra en nuestras vidas. Eso quiere decir que mientras que nuestro destino final es con Él en el cielo, también tenemos un destino provisorio, un lugar y un propósito en la tierra, que es llevar adelante, hacer avanzar los propósitos de su reino celestial. La oración es un factor esencial relacionada con alcanzar ese lugar y propósito para nosotros, aquí y ahora. Actúa de esta manera.

»En primer lugar, cuando recibimos a Jesús, nacemos en esa extensión, el reino de Dios. Eso quiere decir que aunque vivimos en una extensión llamada "tierra" (digamos en Denver,

Dallas, Boston o cualquier otro lugar), tenemos el privilegio y el poder de actuar como ciudadanos de otra extensión, el reino de Dios. Literalmente nos hicieron una "nueva creación" en Cristo el Rey y salimos del reino de las tinieblas para vivir en el reino del Hijo de Dios (véanse Colosenses 1:13-14; 2 Corintios 5:17).

»En segundo lugar, como ciudadanos de Dios recién nacidos en el reino "del cielo", Jesús nos enseña a orar: "Venga tu reino, hágase tu voluntad en la tierra como en el cielo" (Mateo 6:10). La profundidad y el poder de esta oración se captan con muy poca frecuencia.

»Escuchen esto, amados. Nuestro victorioso Salvador nos ha pedido que nos dirijamos a nuestro Dios Todopoderoso. Él nos ha mostrado que la manera en que Dios ha dispuesto que el cambio de las cosas en la tierra comience cuando la gente de aquí, usted y yo, invitemos a que el cielo participe en la combinación. En pocas palabras, por su propia elección, Dios limitó su voluntad, sus caminos y sus obras a los lugares en la tierra donde le invitan. La oración es el papel privilegiado que se nos ha dado para presentar una invitación a su carácter de Todopoderoso, penetrando la extensión de la tierra que está estropeada, con su reino celestial de salud salvadora y restauradora».

Esto no quiere decir que el gobierno definitivo de Dios en la tierra a través de su Hijo queda a nuestro cargo. Él designó un día en que esto va a ocurrir. Con todo, Él nos dirige, diciéndonos, para usar sus propias palabras: «Hagan negocio [...] hasta que yo vuelva» (Lucas 19:13). Él dejó bien claro que la oración es el «negocio» principal de su pueblo. Es la manera en que se logra la transformación.

«Nada en todas las enseñanzas de Jesús es más claro, en cuanto al lugar de la oración en el avance de los propósitos de su reino en la tierra, que cuando nos enseñó a orar "Venga tu reino"», dijo el pastor Jack. En resumen, Él nos dice: «Hasta que yo vuelva otra vez a presentar mi supremo gobierno en la tierra, el gobierno del Padre y su poder esperan a que se les invite a entrar en sus propias situaciones y en las de otros seres humanos».

La forma en que entendamos y aceptemos este privilegio y responsabilidad que tenemos en la oración determinará cuánto del poder de Dios penetrará en nuestro mundo. Como dice el pastor Jack: «Todo el poder en el cielo y en la tierra es de *Dios*, pero todo el poder para invocar el poder del cielo en las necesidades de la tierra es de *nosotros*».

La voluntad de Dios es esperar nuestra invitación. Si oramos e invitamos el poder soberano de Dios a que se manifieste en el dolor y el sufrimiento de la tierra, Él se va a mover con poder. Entonces su reino entrará en nuestras vidas y en nuestras circunstancias y obrará en la tierra lo que se dispuso en el cielo. Cuando entendamos esto, nos inspirará a orar como nunca antes lo hemos hecho.

~ ~ ~

Dios quiere usarnos para los propósitos de su reino. Y eso también es lo que queremos nosotros. No queremos simplemente leer *sobre* Dios, queremos su vida *en* nosotros. Queremos su unción *en* nosotros de tal forma que cuando la gente nos vea o hable con nosotros, vean que Jesús está vivo. Queremos que la gente se sienta atraída hacia Jesús por lo que ven de Jesús en nosotros.

Cuando Dios sacó a los israelitas de Egipto, les dijo que si andaban por su camino, los haría un reino de sacerdotes. Y serían un pueblo que se movería en una extensión de autoridad que había relegado para los sacerdotes. Tendrían una relación con el que era la cabeza del reino. Aun así, Israel perdió esa oportunidad porque no quería lo mismo que Dios. Como resultado, nunca llegaron a donde Dios quería que fueran. Sin embargo, *nosotros* podemos llegar a donde Dios quiere que lleguemos porque *queremos* lo que Dios quiere (1 Pedro 2:5-9).

Dios quiere derramar su Espíritu Santo en cada uno de nosotros y capacitarnos para llegar a ser embajadores de su reino. Quiere tomar a las personas que estén dispuestas a entregar sus vidas a Él y quiere enseñarles a vivir por el poder de su Espíritu Santo. Nosotros queremos también eso porque sabemos que nunca lograremos orar con eficacia a menos que nos movamos en el poder que da evidencia de la presencia de Dios en nuestras vidas. El mundo a nuestro alrededor es demasiado aterrador, peligroso e imprevisible para no tener la seguridad de que nosotros tenemos acceso a un poder capaz de ser muy determinante cuando oramos.

El poder de la oración

Señor, me doy cuenta de que no tengo poder para hacer nada significativo ni lograr nada duradero sin ti. Sé que no es por mi fuerza ni sabiduría que las cosas suceden en mi vida, sino que es por tu Espíritu. Mis oraciones no reciben respuesta por *lo que* sé, sino por *el que* conozco. Te doy gracias por conocerte. Jesús, gracias por salvarme y por liberarme de todas las cosas que podrían impedirme llegar a todo lo que tienes para mí. Gracias por llenarme con tu Espíritu Santo.

Espíritu Santo, te reconozco hoy como mi fuente de poder. Te invito a que me llenes de nuevo y a que fluyas con entera libertad en mí. Sé que sin ti no puedo hacer nada. Cuento contigo para que hagas más de lo que puedo pensar o imaginarme. Enséñame en todas las cosas. Ayúdame a entender la incomparable grandeza de tu poder hacia nosotros los que creemos (Efesios 1:19).

Señor, no quiero jamás llegar a ser como la gente de la que habla tu Palabra que tienen una forma de piedad, pero niegan tu poder (2 Timoteo 3:5). Quiero ser una persona que se mueve en tu poder y cuyas oraciones tengan el poder de efectuar cambios importantes en el mundo que me rodea. Ayúdame a recordar siempre a vivir por el poder de tu Espíritu Santo y a no tratar de hacer las cosas de acuerdo a mi propia fuerza. Muéstrame cómo usar las llaves que me has dado para abrir y desatar tu poder en oración.

Tú eres más maravilloso que cualquier cosa en la tierra. Eres tú, Señor, el que le da fuerza y poder a tu pueblo (Salmo 68:35). Gracias porque tu poder es tan grande en nosotros. Gracias porque de la forma en que levantaste a Jesús de los muertos, tú me levantarás a mí por tu poder (1 Corintios 6:14). «Aun cuando sea yo anciano y peine canas, no me abandones, oh Dios, hasta que anuncie tu poder a la generación venidera, y dé a conocer tus proezas a los que aún no han nacido» (Salmo 71:18). Gracias porque tu gracia es suficiente para mí. Que tu poder se perfecciona en mi debilidad. Prefiero hacer alarde de mis enfermedades, para que el poder de Dios permanezca en mí (2 Corintios 12:9). Dios, tú eres mi fortaleza y mi poder. Tú haces mi camino perfecto. Tú haces mis pies como de venado y me mantienes en las alturas (2 Samuel 22:33-34).

Padre celestial, te exalto por sobre todas las cosas. Que tu reino venga en este día y que tu voluntad sea hecha en la tierra como en el cielo. Capacítame para ser un buen embajador de tu reino. Que la gente te ame más por lo que ven de ti en mí. Oro en el nombre de Jesús.

↝ ↝ ↝

El poder de la Palabra

El mensaje de la cruz es una locura para los que se pierden; en cambio, para los que se salvan, es decir, para nosotros, este mensaje es el poder de Dios.

1 CORINTIOS 1:18

Pero tenemos este tesoro en vasijas de barro
para que se vea que tan sublime poder
viene de Dios y no de nosotros.

2 CORINTIOS 4:**7**

Su divino poder, al darnos el conocimiento de aquel que nos llamó por su propia gloria y potencia, nos ha concedido todas las cosas que necesitamos para vivir como Dios manda. Así Dios nos ha entregado sus preciosas y magníficas promesas para que ustedes, luego de escapar de la corrupción que hay en el mundo debido a los malos deseos, lleguen a tener parte en la naturaleza divina.

2 PEDRO 1:3-4

Porque Dios tiene poder para ayudar y
poder para derribar.

2 CRÓNICAS 25:8

Porque el reino de Dios no es cuestión
de palabras sino de poder.

1 CORINTIOS 4:20

Dos

El poder de uno

Un domingo por la mañana, el pastor Jack se paró delante de la congregación y dijo que quería hablar sobre una esfera de fracaso que tenía en su vida. De inmediato supe que no sería una revelación que haría estremecer la tierra. No se iba a divorciar, y estaba segura de que no había robado un banco, ni matado a alguien ni cometido adulterio. Así que no me imaginaba lo que iba a decir.

Siempre había sido muy franco en cuanto a sus debilidades y humanidad, lo que era una de las cosas que hacía que tanta gente lo estimara. Nos hablaría de su corazón y experiencia con el propósito de ayudarnos a crecer.

Lo que nos dijo fue que se había despertado con el reloj despertador y que se había levantado a orar cuando el Señor le habló a su corazón diciéndole: «Olvidaste la disciplina de tu hábito de tener un devocional diario».

Es por eso que me levanté para hacerlo, pensó.

«No sentí que Dios estuviera enojado conmigo», nos dijo. «Era más como si el Señor tuviera algo que enseñarme. Y entendí lo que Dios trataba de comunicarme. Había aprendido tanto sobre la intercesión y la adoración en los últimos años, que pasaba menos tiempo *íntimo* con Jesús. Fue un llamado a volver a las prácticas de niño de presentarme ante el Señor».

No era que el pastor Jack había dejado de ser una persona de oración. Oraba sin cesar. Siempre respondía a lo que llamaba: «La intercesión inspirada por el Espíritu Santo». Cuando el Espíritu Santo le daba la señal de orar, el pastor Jack dejaba de hacer lo que estuviera haciendo en ese momento y oraba por el asunto. Consultaba con el Señor en forma regular y lo buscaba por sabiduría sobre todas las cosas. Era una persona consecuente en sus oraciones y adoración, y oraba todos los días en grupos de oración con otras personas. Nadie lo habría acusado de no ser un hombre de oración. Después de todo, estaba en medio de una oración cuando el Señor le habló de esto. Sin embargo, había perdido la disciplina de un tiempo devocional diario.

Desde su adolescencia y a través de sus años universitarios, y los primeros años de su ministerio, el pastor Jack había aprendido a estar con el Señor todas las mañanas.

«No sé cuándo cambió», explicó él. «No podría decirles el momento exacto. No dije un día que no me iba a levantar y no iba a orar. Solo se volvió algo esporádico e irregular, y al final perdí la costumbre de hacerlo. Aun así, algo ha llegado con mucha claridad a mi entendimiento, y estoy persuadido de que nunca más lo volveré a perder».

La mayoría de nosotros nos podemos identificar con lo que él describió. Todos hemos luchado con mantener un tiempo regular de oración consecuente, a solas con Dios a alguna altura en nuestra vida. Sin embargo, cuando el pastor habló con la congregación, yo lo realizaba con fidelidad. Me levantaba temprano todos los días e iba ante el Señor para orar a solas con Él.

No fue una lucha para mí en aquel entonces porque había estado en tal mal estado cuando recibí al Señor. Había salido de una vida de drogas, alcohol, ocultismo, depresión, temor, ansiedad y falta de perdón, y sabía que no podía vivir ni un solo día sin estar antes con Dios. Me sorprendió escuchar al pastor Jack hablarnos sobre su lucha porque me di cuenta de que si le pasaba a él, le pasaría a cualquiera, incluyéndome a mí.

Y entonces un día, mucho tiempo después, me pasó a mí.

Hace algunos años mi vida devocional de oración comenzó a decaer. Había estado muy enferma por períodos durante unos cinco meses. Cada vez que tenía un ataque de náuseas, vómitos y dolor estomacal agudo, mi esposo me llevaba a la sala de emergencia del hospital, pero nadie lograba encontrar ninguna enfermedad. Fui a diferentes hospitales, doctores y especialistas, pero seguía sin respuestas. Por último, en medio de una noche terrible, sentí que algo explotaba en mi cuerpo con tanta violencia, que supe que moriría si no buscaba ayuda de inmediato. Una vez más mi esposo me llevó deprisa al hospital porque era obvio que no tenía tiempo para esperar una ambulancia.

En la sala de emergencia soporté varios exámenes dolorosos, pero todavía nadie lograba encontrar lo que andaba mal. Al final, el especialista llamó a un cirujano que tuvo el valor de decirme: «No sé qué le está causando su dolor y su enfermedad, pero creo que su apéndice está perforado. Voy a operarla, y si no estoy en lo cierto, descubriré cuál es su problema».

El resultado fue que tenía razón. Después que desperté de la anestesia, me dijo: «Si hubiera pasado otra hora más, no habría podido salvarla».

Me encontraba en tan mal estado, que el cirujano me tuvo que hacer una incisión vertical desde el esternón hasta el hueso pubis. Y lo peor de todo fue que tuvo que dejar la incisión abierta en lugar de coserla. Eso se debió a que tenía que abrirse y limpiarse todos los días, y fue preciso dejar tubos para mantenerla drenando mediante una especie de aspiradora. La herida nunca recibió puntos y tardó cinco meses en cerrarse desde adentro hacia fuera.

Durante los meses antes de la operación, había perdido el hábito de orar antes que todo en la mañana. Debido a que nunca me sentía bien, tenía que dormir, comer y trabajar cuando podía. Mientras más enferma me sentía, más difícil me resultaba permanecer en alguna clase de horario normal, y más difícil se me hacía orar con constancia. Continué orando por mi esposo y mis hijos, y por algunos amigos íntimos y miembros de mi familia, y por supuesto, por mi sanidad, pero eso era todo.

Después de la perforación del apéndice, sin embargo, tenía dificultad en orar de otra cosa que no fueran oraciones desesperadas: «¡Ayúdame, Jesús! ¡Sáname, Señor!». La recuperación fue tan horrible y agonizante que me era difícil concentrarme, y muchas veces me preguntaba si alguna vez volvería a hacer algo normal de nuevo. A pesar de eso, sentía las oraciones de apoyo de otras personas levantándome y ayudándome a no desmayar, y a que no se me cayeran las alas del corazón en medio de todo eso. Estaba muy agradecida por esas oraciones porque me ayudaron a atravesar ese tiempo.

Sin embargo, a los dos meses de mi recuperación, de pronto comencé a tener la misma clase de dolor abdominal y náusea que experimenté los meses antes de mi peritonitis. No daba crédito a que después de todo lo pasado, siguiera sin librarme del problema. Aquí me encontraba, aún no estaba del todo curada de la primera operación y sin poder caminar bien debido a una inmensa abertura que tenía en el cuerpo, y tuve que volver para que me operaran otra vez. Esta vez el doctor tuvo que sacarme la vesícula biliar, lo que ahora creía que había sido el problema desde el comienzo.

Mi recuperación de la segunda operación fue lenta en extremo, algo así como si el cuerpo me dijera: «¡Esta operación fue demasiado!».

Mi tiempo de oración y lectura bíblica siguieron decayendo, pero después de la segunda operación, ambos cayeron de forma extraordinaria. Me pusieron tanta anestesia y tomaba tantos medicamentos, que me era difícil concentrarme. Leía un poco la Biblia todos los días, pero sentía como si leyera a través de una espesa niebla. Además, sufría tanto dolor que no podía estar sentada por mucho tiempo. Me sentía débil porque no podía hacer nada sola, ni siquiera las cosas más básicas. La extensión de mi vida de oración se centraba por completo en la sanidad y en sobrevivir el día.

Por supuesto que tuve que cancelar todos los compromisos para dar conferencias y todos los compromisos de escribir libros ese año, y me sentía culpable por no haber cumplido con tantas personas. Entonces el pastor Jack me dijo: «Si a un soldado lo hieren en la batalla, durante su tiempo de recuperación nadie espera que esté todos los días participando de las maniobras si no está en condiciones de hacerlo. Algunas veces podemos ser víctimas en la guerra espiritual, y aunque todavía estamos en el ejército, nuestra actividad es mejorarnos».

Yo estaba agradecida de estar todavía en el ejército de Dios.

A pesar de las oraciones de otras personas que me sostenían en aquel tiempo, me sentía vacía en el espíritu. Me daba cuenta de cuánto había decaído en la disciplina de estar a solas con el Señor en oración todos los días. Y fue más allá de tener a la enfermedad como excusa. Había perdido el hábito por completo. Como resultado, me costaba mucho escuchar la voz de Dios hablándole a mi alma. Supe que yo, al igual que el pastor Jack, tenía que comenzar de nuevo a aprender esa disciplina.

Cuando me sentí lo bastante bien, repasé todo lo que el pastor Jack nos había enseñado aquel día sobre la oración devocional. Obtuve un sentido renovado de la perspectiva y recordé algunas cosas que había olvidado a lo largo del camino, cosas que quiero contarle en este capítulo. Las oraciones de otras personas son muy importantes y nos pueden ayudar a sobrevivir, pero para sentir en realidad la plenitud de la presencia de Dios en nuestras vidas, debemos estar a solas con Él todos los días.

Tal vez se pregunte por qué he dedicado un capítulo a la oración *a solas* con Dios en un libro sobre orar *junto* a otras personas. La razón es que mientras más tiempo pasemos a solas con Dios, más poderosas van a ser nuestras oraciones cuando oremos con otros. No es que orar con otras personas sea menos eficaz que orar solo. Hay gran poder cuando oramos en grupos, y el convencerlo de eso es la razón de escribir este libro. Sin embargo, orar con otras personas *sin* pasar tiempo a solas con Dios comprometerá la eficacia y el poder de sus oraciones. En otras palabras, será un compañero de oración más eficiente si no ha descuidado su tiempo a solas con el Señor.

Cuando acostumbraba a tocar el violín, descubrí que era mucho mejor para la orquesta en que tocaba, si practicaba por mi cuenta. Cuanto más tocaba sola, tanto mejor tocaba con el grupo. Lo mismo sucede con la oración.

¿Qué es con exactitud la oración?

Orar es comunicarse con Dios. Cada vez que oramos, nos ponemos en contacto con Dios de una manera profunda y que cambia la vida.

Cuando enfrentamos situaciones desesperadas en nuestras relaciones, negocios, trabajo, finanzas, salud, emociones o con nuestros hijos, orarle al Dios de la esperanza puede cambiar la situación. Cuando luchamos con cosas tales como sueños no realizados, una vida insatisfactoria, falta de claridad mental o dolor emocional, tenemos acceso al Dios que puede tocar todas las esferas de nuestra vida y transformarlas y traer sanidad. Él quiere bajar hacia nosotros y *tocarnos*, pero antes tenemos que subir hasta *Él* y tocarlo en oración. Cuando oramos, decimos: «Señor, sé que eres real y quiero pasar tiempo contigo».

La oración es alabar y adorar a Dios por quién es Él. Esto quita el foco de nosotros y lo coloca en Él. Lo sitúa a Él primero en nuestro corazón y le permite el acceso total a nuestra vida. El pastor Jack nos enseñó que hay dos lados en la oración. Está el *lado de la comunión* y el *lado de la asociación*.

«El lado de la comunión de la oración es cuando simplemente vamos ante Dios solo para estar en la intimidad de la relación», explicó él. «El lado de la asociación es cuando aceptamos la responsabilidad de ser socios con Él a fin de ver la reintroducción de su gobierno en nuestras circunstancias. La adoración, la alabanza y la exaltación son una parte importante de la comunión con Dios, pero también son un medio para asociarnos con Él y alejar las tinieblas».

Cuando oramos, decimos: «Dios, tú eres maravilloso, omnipotente, todopoderoso, el Dios y Creador de todas las cosas. Te exalto por encima de todo y te adoro por lo que eres».

La oración es decirle a Dios que lo amamos y lo adoramos. Es venir con humildad ante Dios y hablarle como lo haríamos con alguien que amamos de todo corazón. Orar es decirle a Dios lo agradecidos que estamos de que nos amara antes de ser siquiera conscientes de su existencia. Cuando oramos, decimos: «Te amo, Señor, y te doy las gracias por amarme».

La oración es decirle a Dios que lo necesitamos. Cuando no oramos, eso implica que creemos que somos capaces de enfrentar las cosas por nuestra cuenta. Sin embargo, la verdad es que no podemos enfrentar *nada* por nosotros mismos. Necesitamos a

Dios para todo. Lo necesitamos para que nos salve, nos perdone, nos sane, nos libre del mal, nos llene, nos restituya, nos libere, nos guíe, nos proteja, nos eleve por encima de nuestras limitaciones y nos mueva a los planes y propósitos que tiene para nosotros. No podemos llegar allí sin Él. Cuando oramos, decimos: «No puedo vivir sin ti, Señor. Si no intervienes en mi vida, nada bueno va a suceder».

Orar es decirle a Dios nuestras peticiones. Es expresarle todo lo que está en nuestro corazón, con la certeza de que a Él le interesa cada una de esas cosas. Dios promete darnos todo lo que necesitamos, pero todavía tenemos que pedir. De la misma forma que nos instruye para que le pidamos nuestro pan cotidiano, debemos venir ante su presencia y pedirle todas las demás cosas que necesitamos.

La oración no es el último recurso, algo a lo que nos volvemos cuando falla todo lo demás, algo que golpeamos en la oscuridad, ni un ejercicio de pensar en forma positiva para tratar de hacernos sentir mejor. La oración cambia las cosas. Entonces tenemos que hablar con Dios acerca de las cosas que necesitan cambiar. La oración es un reconocimiento de que, aun cuando lo que pedimos quizá nos parezca imposible, todo es posible para Dios (Mateo 19:26). Cuando oramos, decimos: «Señor, tengo estas necesidades y sé que a ti te interesan y que vas a escuchar mis peticiones».

La oración es servir a Dios a su manera. No solo se trata de que obtengamos lo que *nosotros* necesitamos, aunque esa es una parte importante de la oración. El plan de Dios es gobernar la tierra por medio de su autoridad delegada. Eso somos nosotros, los que creemos en Él. Dios quiere que traigamos su reino para que influya en los asuntos de la tierra. Dios tiene cosas para que cada uno de nosotros haga y comienzan con la oración.

El pastor Jack dijo: «Si creemos que un futuro en el cielo es la suma de los dones de Cristo a nosotros, viviremos una existencia inmadura en lo espiritual, señalando hacia el cielo, pero sin sentido en la tierra».

El pastor Jack nunca se expresó con vaguedad en cuanto a la verdad.

«La gente necesita entender por qué Dios no hace todo por su propia iniciativa», dijo. «Se remonta a cuando Dios le da al hombre la responsabilidad de gobernar los asuntos de la tierra (Génesis 1:26, 28). Él ordenó que todo en la tierra se determinara por elección humana. "Los cielos le pertenecen al SEÑOR, pero a la humanidad le ha dado la tierra" (Salmo 115:16). Aun así, esto solo da resultados cuando el hombre se mantiene en relación con Dios. La voluntad de Dios y las obras y el poder de Dios no fluyen sin una invitación a la escena de la tierra. El Señor le ha transmitido a su pueblo la responsabilidad de invitar la presencia del reino. No se debe a que Dios *no pueda* hacer nada sin nosotros, sino a que Él *no hará* nada sin nosotros».

Algunas personas creen que, pase lo que pase, Dios va a hacer lo que sea que vaya a hacer, así que no hay razón para orar. No obstante, la verdad es que hay cosas que Dios no hará en la tierra a no ser que sea en respuesta a la oración.

«Hay personas a las que no les gusta esta idea porque no quieren la responsabilidad que esto implica», dijo el pastor Jack. «Quieren que Dios haga lo que vaya a hacer; pero Dios quiere desarrollar a sus hijos e hijas, y espera para moverse a donde lo invitan a moverse. ¡Eso es lo que Él *quiere* hacer! Su decreto es claro en cuanto a esto. Y nosotros debemos ser del mismo modo claros: Este énfasis no disminuye la soberanía de Dios. ¡El poder es todo de Él! Con todo, es posible que algunos puntos de vista sobre la soberanía de Dios pasen por alto su voluntad de involucrar a sus hijos con el fin de avanzar sus propósitos redentores.

La soberanía del Dios Todopoderoso ha decretado que lo que sucede en la tierra se logrará a través de las actividades volitivas de las personas que se someten a su voluntad y que invoquen su presencia y poder».

Esto explica por qué la tierra está en el desorden que se encuentra. Dios le ha delegado todo al hombre y nosotros hemos cosechamos lo que sembramos. Dios determinó y decidió guiarse por este decreto soberano: Él obra en la tierra en respuesta a nuestras oraciones y nosotros hemos descuidado la oración.

Las buenas noticias son que nunca es demasiado tarde para sembrar las semillas de la oración y obtener una cosecha diferente a la que hemos obtenido de las semillas del pecado y de la muerte que hemos producido en nuestro mundo. Podemos invitar a que el poder de Dios entre en situaciones específicas ahora mismo. Cuando oramos, decimos: «Señor, quiero ser tu instrumento a través del cual hagas lo que vas a hacer en este planeta. Ayúdame a orar de acuerdo con tu voluntad, para que se haga *tu* voluntad en la tierra».

Esto es lo que significa orar: «Venga tu reino, hágase tu voluntad».

¿Qué hace que la oración sea a veces tan difícil?

Hay un sorprendente número de personas que creen en Dios, pero que no oran mucho. Dicen que encuentran que orar es difícil. Realicé una corta encuesta entre personas que dijeron sentirse de esa manera, y he aquí algunas de las razones que dieron. Vea si se reconoce en algunas de ellas.

«Encuentro difícil orar porque hay muchas clases diferentes de oración y no estoy muy seguro de cómo orar». Es verdad. Está la oración de *alabanza y adoración*, la que glorifica a Dios. Está la de *confesión*, en la cual abrimos nuestro corazón a Dios y le

pedimos que nos revele todo lo que hay allí para que Él lo limpie. Está la de *petición*, en la que le decimos a Dios nuestras necesidades y todas las preocupaciones de nuestro corazón. Está la de *intercesión*, en la cual oramos por otras personas. ¿Cómo sabemos qué tipo de oración hacer y cuándo hacerla? ¿Y qué si nos equivocamos? Cuando tenemos más preguntas que respuestas en cuanto a la oración, esta se convierte en algo demasiado complejo en nuestra mente y tendemos a evitarlo. Sin embargo, Dios no nos pide que tomemos un curso de teología antes de venir a Él. Dios solo quiere que le abramos con sinceridad nuestro corazón. La manera adecuada de orar viene de un corazón que ama a Dios y que desea comunicarse con Él.

«Encuentro difícil orar porque no lo hago muy bien». Las personas a veces vacilan para orar porque esperan demasiado de sí mismas. Han escuchado la elocuencia y el poder de las oraciones de algunas otras personas y sienten que deben hacer lo mismo. Piensan que necesitan sonar como el mayor predicador del mundo. No obstante, Dios mira nuestro corazón y no nuestra pericia de oradores. Además, nadie comienza como un intercesor poderoso. Todos comenzamos con oraciones sencillas que brotan del corazón. Y no hay nada de malo en orar algo que otra persona haya escrito, ni en decir una oración que se haya aprendido de memoria si es que concuerda con lo que hay en su corazón y cree que Dios la podría contestar. Solo porque otra persona escribiera la oración no quiere decir que Dios no la puede escuchar como si viniera de usted. Comience con eso y avance desde allí.

«Encuentro difícil orar porque en lo más profundo de mi corazón tengo dudas de que la oración dé resultados en realidad». Mucha gente duda de que en verdad Dios esté escuchándolos cuando oran. Y si Él *está* escuchando, piensan: *¿Por qué Dios me iba a escuchar a mí? Él es el Dios del universo y en*

comparación soy solo un puntito. O tal vez piensen que la oración da resultado, pero no *sus* oraciones. No entienden la forma en que Dios tiene todo dispuesto. Piensan: *¿Por qué molestarme en pedir?* Con todo, Dios se ha dispuesto a actuar en respuesta a nuestra petición.

«Encuentro difícil orar porque siento que no soy lo suficiente bueno como para merecer una respuesta». Mucha gente cree que Dios no se agrada de ellos porque no han llegado a ser lo que deberían ser o no han hecho lo que deberían hacer. Debido a sus fracasos, o a lo que *no* han hecho, piensan que no son merecedores del tiempo de Dios. La verdad es que ninguno de nosotros es merecedor. Ninguno de nosotros ha hecho todo lo que debíamos hacer. Ninguno ha llegado a la meta. Solo Jesús nos hace dignos. Solo la gracia de Dios y el poder del Espíritu Santo que nos capacita nos ayudan a vivir como Él quiere. Dios es amoroso y compasivo. No está esperando para castigarnos con un rayo porque no hemos hecho todo como es debido. Está esperando que lleguemos a Él y le confesemos nuestros pecados para poder arreglar todas las cosas.

«Encuentro difícil orar porque veo a Dios como si estuviera distante». La gente que en realidad no conoce bien a Dios piensa que Él está muy lejos, y creen que sus oraciones deben viajar grandes distancias para llegar a Él. Se imaginan que sus oraciones se evaporan en el aire en cuanto las hacen. Si cree que sus oraciones no son lo bastante poderosas como para llegar a los oídos de Dios, no es el único que cree esto. Se sorprendería al saber cuántas personas lo creen. Sin embargo, cuando recibimos a Jesús, Él se convierte en el Mediador entre nosotros y Dios. Él también nos ha dado el Espíritu Santo que ahora vive *en* nosotros, por lo tanto nos ha dado una línea directa al Señor. Nuestras oraciones no tienen que viajar tanto en lo absoluto.

«Encuentro difícil orar porque no estoy seguro de que ore de acuerdo con la voluntad de Dios». Las personas a veces temen que si llegaran a pedir por algo equivocado, les causaría problemas. Temen que los castiguen por una oración que no han hecho como es debido. O temen que su oración reciba respuesta y produzca algo malo porque se pidió de forma imprudente.

«El asunto principal que debemos entender en cuanto a la voluntad de Dios es este: ¡Es su *voluntad* que nosotros oremos!», explicó el pastor Jack. «No se nos llamó a que lo analicemos todo a la perfección ni a que oremos con excelencia, sino a que traigamos el clamor de nuestro corazón y percepción limitada a Él que es perfecto y excelente, y que le dejemos esos asuntos. No debemos temer que la oración inapropiada de alguna manera se cuele al lado que Dios no ve y que sin saber haga que Él responda una oración que no está de acuerdo con los propósitos de su voluntad. Una oración imperfecta no causará un accidente cósmico al meterse sin querer en el cielo y deslizarse a través de la maquinaria de la providencia de Dios sin su conocimiento. Dios nunca se encontrará mirando de una manera torpe hacia la tierra y diciendo: «¿Cómo fue que dejé que esa oración recibiera respuesta?».

Sin importar la experiencia que tengamos en orar, nunca vamos a ser perfectos en nuestras oraciones. No siempre vamos a tener una comprensión perfecta de la forma en que Dios quiere que oremos en cada situación. Aun así, no es preciso que sepamos su perfecta voluntad *antes* de orar. La podemos encontrar *a medida* que oramos.

«Pidan con valentía. Pidan mucho. Pidan con fe», nos instruyó el pastor Jack. «Pidan como su hijo o hija, y luego alábenlo en la confianza de que Él va a hacer su voluntad. ¡Pero pidan!»

El resultado final es que la *voluntad* de Dios para nosotros es que oremos. No tenemos que preocuparnos si es su voluntad *responder* según hemos orado. Dios no se va a forzar a responder a algo que no sea su voluntad. Y no debemos preocuparnos por pedir demasiado porque Dios no tiene un suministro limitado de recursos. A Dios no se le va a acabar nada. La solución de orar conforme a la voluntad de Dios es decir siempre: «Señor, que se haga tu voluntad en este asunto».

«Encuentro difícil orar porque requiere demasiado de mi tiempo para que sea eficaz». A menudo la gente cree que para ser una persona que ora con eficacia es necesario pasar horas todos los días orando, de la forma en que los grandes hombres del pasado lucharon en oración. Mientras que es cierto que cuanto más tiempo pase en oración, por tantas más cosas puede orar y tantas más respuestas a la oración va a ver, no quiere decir que una oración rápida tenga menos probabilidades de recibir respuesta. Dios escucha cada palabra que oramos, en especial cuando procede de un corazón puro y lleno de amor. «La oración del justo es poderosa y eficaz» (Santiago 5:16). Todas las oraciones cuentan, no importa el poco tiempo que llevó pronunciarlas.

¿Qué hace que la oración dé resultado?

La oración da resultados debido a lo que hizo Jesús. Dios creó la tierra y después creó al hombre para que la gobernara. El hombre perdió el gobierno de la tierra debido a la desobediencia a las leyes de Dios. Satanás ganó el control y su meta es destruir el propósito de Dios para cada persona. Dios envió a su Hijo, Jesús, a morir por nuestros pecados y romper el poder del enemigo. En otras palabras, Jesús tomó el castigo de la desobediencia del hombre, que es la muerte, para que así los que creen en Él tengan vidas fructíferas en la tierra y pasen la eternidad con Dios.

Cuando Jesús resucitó de los muertos, comisionó a cada persona que cree en Él a que *destruya* el gobierno del enemigo y que se lo restaure al hombre. Esto se logra mediante la oración.

Cuando oramos, aplicamos la victoria de Jesús a través de la cruz, quitándole el gobierno a Satanás y estableciendo el gobierno de Dios. De esa forma detenemos el trabajo del diablo y establecemos la voluntad de Dios. Tomamos las cosas que están mal y las hacemos bien.

Dios no quiere que simplemente esperemos el regreso de Jesús ni que muramos y vayamos al cielo. Hay cosas que debemos hacer mientras tanto. Quiere que revelemos las mentiras del enemigo y que proclamemos la verdad de Dios. Quiere que derribemos las fortalezas del enemigo y que liberemos a los cautivos. Quiere que traigamos sanidad donde hay enfermedad, amor donde hay temor, perdón donde hay condenación, revelación donde hay ceguera espiritual, e integridad donde hay una vida destrozada. La Palabra de Dios revela que esto se puede lograr cuando oramos.

La oración da resultado porque vivimos como Dios quiere que vivamos. A fin de obtener respuesta a nuestras oraciones debemos caminar en obediencia a las leyes de Dios: «Y recibimos todo lo que le pedimos, porque obedecemos sus mandamientos y hacemos lo que le agrada» (1 Juan 3:22). Para comenzar, debemos amar a Dios con todo nuestro corazón, alma, mente y fuerzas, y amar a los demás como a nosotros mismos (Marcos 12:30-31). Tal vez piense que esto es suficiente para descalificarlo. Sin embargo, Dios es misericordioso también en esto porque podemos orar por estos asuntos. Incluso nos ayudará a obedecerle si se lo pedimos.

Recuerde que las respuestas a las oraciones no se ganan con nuestra obediencia. Aunque nuestro privilegio para pedir con valentía esta enraizado en nuestra relación con Dios el Padre. Y Él nos ha llamado a caminar como hijos obedientes.

La oración da resultado porque no vacilamos en pedir. Dios quiere que seamos valientes cuando pedimos. Ser valiente no quiere decir entrar a taconazos al trono de Dios y demandar lo que creemos que merecemos, sino que es reconocer que Dios quiere hacer muchísimo más de lo que creemos posible (Efesios 3:20). Este conocimiento nos da el valor para pedirle a Dios que haga cosas grandes en nosotros, a través de nosotros y alrededor de nosotros.

Jesús dijo: «Supongamos [...] que uno de ustedes tiene un amigo, y a medianoche va y le dice: "Amigo, préstame tres panes, pues se me ha presentado un amigo recién llegado de viaje, y no tengo nada que ofrecerle". Y el que está adentro le contesta: "No me molestes. Ya está cerrada la puerta, y mis hijos y yo estamos acostados. No puedo levantarme a darte nada". Les digo que, aunque no se levante a darle pan por ser amigo suyo, sí se levantará por su impertinencia y le dará cuanto necesite» (Lucas 11:5-8). Esto no solo sugiere que pidamos con persistencia, sino también con valentía.

Una vez alguien me dijo que solo oraba por las cosas grandes porque no quería desperdiciar ninguna de sus oraciones en cosas pequeñas, como si Dios solo nos permitiera un cierto número de oraciones durante nuestra vida, así que mejor cuidamos que cada oración cuente. Dios dice que debemos pedir de forma continua, que oremos sin cesar. No como un canto, diciendo lo mismo una y otra vez, sino orando *todo* el tiempo por *todas las cosas*, sabiendo que Dios no tiene límites y nunca está demasiado ocupado ni preocupado. Siempre está listo para escucharnos. Quiere que le pidamos porque quiere respondernos.

La oración da resultado porque esa es la manera en que Él lo dispuso. La manera en que Dios logra sus propósitos en el mundo es por medio de las personas que creen en Jesús. Dios dice que si oramos, Él se va a mover para nuestro beneficio. Y no solo se va a mover, sino que hará lo que es imposible para nosotros.

«Ha existido un debate entre la responsabilidad humana y la soberanía divina», explicó el pastor Jack. «Para algunos, enfatizar la responsabilidad del hombre sugiere que los asuntos eternos se sacrifican en el altar de la obvia imperfección del hombre. Para otros, enfatizar la soberanía divina sugiere un universo determinado en el cual la voluntad de Dios irresistiblemente hace que todo suceda. Demasiada responsabilidad humana produce un mundo errático; demasiada soberanía divina produce un mundo fatalista».

Tal vez no seamos capaces de resolver este asunto para satisfacer a todo el mundo, pero al menos podemos estar de acuerdo en que Dios nos ha dado libre albedrío y que Él quiere que nos encarguemos de nuestra parte del mundo en oración. Comienza en nuestro lugar secreto de oración a solas con Él.

¿Qué hago para mantener un hábito diario de oración?

Debido a que nuestra cultura idolatra el intelecto, a menudo no valoramos la oración. Le damos más valor a leer y a saber lo que dice la Biblia de forma intelectual. Preferimos estudiar la Biblia porque somos capaces de verificar que abarcamos una cierta cantidad de territorio. Vemos lo que hemos logrado. No obstante, cuando oramos, no siempre vemos resultados inmediatos. No es un asunto de descalificar la importancia del intelecto ni de nuestro estudio de la Biblia, es un asunto de darle más tiempo y valor a la oración de lo que le damos.

Yo misma he sido culpable de esto, y es por eso que he encontrado que es mejor orar primero, *antes* de leer la Biblia. Cuando comienzo mi tiempo devocional leyendo la Biblia, encuentro difícil leer y dejar suficiente tiempo para orar. Entonces, si *oro* primero, todavía voy a leer la Biblia a alguna hora durante el día.

El día que el pastor Jack nos habló en referencia a su hábito devocional diario, nos enseñó una forma práctica de estructurar nuestro tiempo de oración para que fuera más eficaz.

«No traten de decidir *cuánto* tiempo le van a dedicar a la oración o se van a sentir derrotados si no lo logran», instruyó. «Llegará a ser una tarea más bien que un punto de entrada a una relación devocional con el Dios viviente. Si dice que quiere pasar treinta minutos y solo pasa quince, se sentirá como que ha fracasado. Y los sentimientos de fracaso frustran sus esfuerzos de tener una vida de oración consecuente. Si no establece una meta de tiempo, nunca va a llegar a ser algo que lo esclavice, en cambio será un gozo para usted».

Por supuesto que es preciso que determinemos a qué hora vamos a estar a solas con Dios cada día o la oportunidad se nos va escapar de nuestras manos. En mi caso, descubro que es mejor orar de mañana cuando me levanto. Si no lo hago entonces, se me hace mucho más difícil más tarde y me encuentro luchando para tener algo más que un tiempo de orar y correr. En su caso, tal vez le resulte mejor a media mañana, a la hora del almuerzo, a alguna hora por la tarde o después de la cena. Yo he tratado de tener mi tiempo principal de oración antes de acostarme, pero casi siempre estoy tan cansada a esa hora que paso mucho menos tiempo en oración y no tengo los pensamientos tan claros. El hacerlo así no brinda la ventaja de tener el día cubierto de oración desde el principio. Sin importar cuándo lo haga, el asunto es *dejar* tiempo para orar todos los días para así llegar a convertirse en un buen hábito.

Pídale a Dios que le *ayude* a separar el tiempo que necesita pasar a su lado. Él le mostrará cosas que puede eliminar de su horario, o al menos acortarlas, a fin de que tenga unos veinte o treinta minutos libres. He descubierto que si me puedo arrodillar y orar *antes* de hacer mucho más, el día no se me escapa de las manos mientras trato de alcanzarlo. De la misma manera que usted nunca saldría de su casa de mañana sin lavarse los dientes, también debería ser que ni siquiera pensaría en comenzar su día sin estar a solas con Dios, aun si es solo por unos pocos minutos. Si pasa un tiempo corto con Dios en la mañana y luego más tarde trata de lograr un tiempo un poco más extenso, por lo menos ha comenzado el día de la manera apropiada.

Es bueno tener papel y lápiz a mano cuando va ante Dios para poder escribir lo que Él le dice a su corazón en su tiempo de oración. Tal vez le recuerde algo que de otra forma hubiera olvidado. Le puede traer a la mente algo que debe hacer sobre lo cual no hubiera pensado. Esto hace que su vida sea más sencilla y menos confusa o fortuita.

Su tiempo personal de oración con Dios es el fundamento de todas las otras clases de oración eficaces. No es que *no pueda* orar con otras personas hasta que no haya orado a solas con Dios. Si fuera así, la mayor parte de nosotros ni siquiera seríamos salvos. Tampoco habríamos experimentado la sanidad, la liberación ni la restauración que tenemos debido a las oraciones de otras personas a nuestro favor. Y todos hemos tenido tiempos cuando los problemas de nuestra vida fueron tan grandes que solo nos sostuvieron las oraciones de otras personas. Por último, sin embargo, con el propósito de movernos hacia delante en las cosas de Dios tenemos que establecer nuestro propio tiempo de oración personal con el Señor.

¿Qué hago ahora que estoy de rodillas?

He descubierto que es mucho más difícil enfocarse en la oración cuando solo se tiene una idea vaga de lo que se hace. Si tiene alguna clase de plan cuando ora, le ayuda a comenzar a orar con más rapidez y a experimentar un tiempo de oración más fructífero. A continuación presento algunos pasos que aprendí del pastor Jack, además de lo que aprendí a través de la experiencia, que me han ayudado a orar con un propósito claro. Le ayudarán a comenzar y de allí puede continuar según lo guíe el Espíritu Santo. Tal vez pase todo el tiempo en *uno* de estos pasos, y está bien. El asunto es lograr que esté ante el Señor, que es donde comienza todo.

Primer paso: Reconozca a Dios como su Padre celestial.

Diga: «*Señor, vengo delante de ti hoy y te agradezco por ser mi Padre celestial*». Esto establece una relación con Dios en los términos más claros porque, al fin y al cabo, esto es lo que Él es para usted.

Segundo paso: Alabe a Dios por quién es y por lo que ha hecho.

Diga: «*Señor, te agradezco por quién eres y por todo lo que has hecho*». Luego alábele por todo lo demás que le viene a la mente. Reconozca cuánto tiene por lo cual alabar a Dios cada momento de su vida.

¿Alguna vez tiene días cuando todo parece ir mal? ¿Siente en ocasiones como que toda su vida está fuera de curso o que algunas de las cosas que hace no están bien o no le dan al blanco? ¿Le parece alguna vez como que es invisible, como si nadie lo viera ni escuchara cuando dice algo? ¿Se siente insignificante o como que no tiene un propósito? ¿O tiene la experiencia opuesta y siente que todo lo que hace llama la atención que no desea y siente que sobresale como un dedo pulgar lastimado? La forma de combatir todas estas cosas es a través de la alabanza y la adoración a Dios. Así es. Sé que suena como si esas cosas no tuvieran relación, pero sí la tienen. Cuando comienza su día con alabanza y adoración, y luego le dice a Dios las cosas por las que está agradecido, saca el foco de sí mismo y lo pone en el Señor. Entonces recibe la presencia de Dios en su vida de una forma transformadora.

«Donde tiene lugar la adoración realizada por personas que saben lo que hacen y a quién la dirigen, tiene más que el simple ejercicio de labia que podría parecer fanatismo a un observador», dijo el pastor Jack. «Encuentra algo que es una participación basada en el conocimiento, que es perspicaz y consciente, con el poderoso Creador que permite que su gobierno y presencia invada lo que de otra forma sería el caótico mundo en que vivimos, ya sea nuestro hogar, nuestro negocio, nuestra cuadra, nuestra ciudad o nuestra nación. La adoración es la fuente del poder».

Esto es algo que nunca debería olvidar. Si se siente sin poder, alabe a Dios por quien es Él. No se trata de que de pronto *usted* vaya a sentir que es poderoso, sino que de inmediato será consciente de que tiene acceso a una fuente de poder que no tiene rival. «[Dios] solamente escucha a los que lo adoran y hacen su voluntad» (Juan 9:31, DHH). Estas palabras solas deberían convencerlo.

Tercer paso: Escoja uno de los nombres de Dios, o uno de sus atributos o características, y agradézcale por ser eso para usted.

Diga: «*Señor, te agradezco por ser Dios todopoderoso. Tú eres más fuerte y más poderoso que cualquier cosa que enfrento o que cualquier enemigo que se me pueda oponer*». Luego escoja otro atributo de Dios por el cual está agradecido de forma específica ese día. ¿Qué ha sido Él para usted en los últimos tiempos? ¿Qué necesita que sea Él para usted hoy? Por ejemplo, ¿ha sido su Libertador, Consejero, Paz, Galardonador, Sabiduría, Escudo, Refinador, Vencedor, el Dios que perdona, el Dios que ama o el Dios que da paz? Entonces adórelo por haber sido eso para usted. ¿Necesita que Él sea su Sanador, Consolador, Redentor, Perdonador,

Fortaleza, Lugar de Descanso, Proveedor, Luz o Refugio de la tormenta? Entonces alábelo por ser eso para usted ahora.

«Oblíguese a sí mismo a volver al día *de ayer* y escoja una situación en la cual una se le ha mostrado una característica específica de Dios y haga de eso un motivo de alabanza», nos instruyó el pastor Jack. «Manténgalo al día, de modo que no viva siempre basado en cosas históricas que ha hecho Dios, por muy maravillosas que quizá sean».

Este es muy buen consejo porque a menudo recordamos las grandes cosas que Dios ha hecho en nuestras vidas, lo cual es bueno que las recordemos, pero nos olvidamos de las más recientes, por las que también debemos estar agradecidos. Deberíamos reconocer la mano del Señor en nuestra vida todos los días, de todas las formas que la vemos porque esto fortalece nuestra fe y nos da un corazón lleno de agradecimiento y alabanza. Hay muchas bendiciones que damos por sentadas en nuestra vida y debemos alabar a Dios por todas ellas.

Cuarto paso: Preséntele su día al Señor.

Diga: «Señor, te presento mi día y te pido que lo bendigas de todas las formas posibles». He descubierto que cuando la primera cosa que hago es pedirle al Señor que esté a cargo de mi día y que lo ponga en orden, las cosas van mucho mejor y hay muchas menos sorpresas desagradables.

¿Ha tenido alguna vez grandes planes para su día e ideas definidas de cómo debería ir, y luego las cosas comenzaron a enloquecer y nada resultó de la forma que esperaba? Algo de eso es solo parte de la vida, pero mucho se puede aliviar con un tiempo personal e íntimo con Dios en la mañana, presentado su día ante Él y poniéndolo en sus manos.

Todo el mundo tiene desafíos y dificultades en la vida. Todos tenemos tiempos en que nos preocupamos, sentimos ansiedad, soledad, tristeza, depresión, desesperación o dolor. Todos tenemos cosas que nos inquietan todos los días. Sin importar lo que enfrente en su día, si coloca cada una de esas cosas delante del Señor y se las entrega, Él se va a encargar de ellas. Sea específico en cuanto a cada detalle, preocupación, acontecimiento o actividad. No piense que los detalles de su día son demasiado insignificantes para llevarlos ante Dios. Si a Él le importan los cabellos de su cabeza como para saber cuántos tiene, con seguridad le interesarán las cosas que forman parte de su día.

Diga: «Señor, te entrego mi día». Y luego enumere las cosas que contiene su día, o al menos lo que planea que contenga. Siempre hay cosas que no esperamos, y a veces no podemos hacer todo lo que quisiéramos hacer, pero cuando presenta su día ante el Señor, verá que avanza mucho más.

La Biblia dice: «Reconócelo en todos tus caminos, y él allanará tus sendas. No seas sabio en tu propia opinión; más bien, teme al SEÑOR y huye del mal» (Proverbios 3:6-7). Cuando pensamos que podemos manejar el día por nuestra cuenta, somos sabios en nuestra propia opinión. Y eso es lo que marchar sin oración le dice a Dios. Aun cuando vamos a hacer algo que hemos hecho muchas veces antes, deberíamos pedirle a Dios que nos ayude. Solo porque lo hicimos de cierta manera antes y todo salió bien no quiere decir que debemos dar por sentado que todo saldrá bien ahora y que no necesitamos orar.

Dígale al Señor las formas específicas en que quiere que lo guíe. Dígale: «Señor, presento delante de ti la reunión que tengo esta mañana, el viaje que voy a hacer, los planes que debo desarrollar, las cosas que necesito comprar, las decisiones que debo tomar, la charla que debo dar, la cuenta que tengo que pagar, la carta que tengo que escribir», o cualquier cosa que tenga delante ese día. Luego pídale que ordene su día y que se encargue de él.

Pídale que le dé paz en eso de manera que pase lo que pase, ya sea esperado o una sorpresa, sabe que Dios es el Señor sobre todo eso.

A medida que ora por su día, Dios le traerá cosas a la mente que necesita saber o recordar. Tal vez Él lo haga consciente de algo que debe hacer que de otra forma no habría recordado. Él puede abrirle oportunidades que de otra forma no habrían sucedido. Me doy cuenta que presentarle mi día al Señor de mañana evita que me descontrole más tarde. Parece que se reduce lo inesperado, o al menos me capacita mejor para enfrentar lo inesperado cuando sucede. Puedo asegurarle que esto era verdad en los días en que *no* le presentaba mi día al Señor y veía cuán fuera de control y oprimida me sentía por lo inesperado.

Cuando ordena su día ante el Señor y lo encarga del mismo, el Señor lo ayudará a caminar a través de su día con gran éxito.

Quinto paso: Presente su cuerpo al Señor.

Diga: «*Señor, te presento mi cuerpo este día como un "sacrificio vivo" y te pido que me ayudes a ser un buen mayordomo de este templo de tu Espíritu*». Cuando presenta su cuerpo como un «sacrificio vivo, santo y agradable a Dios» (Romanos 12:1), significa que le somete todo su ser. Significa reconocer su dependencia de Dios en lo físico, así como en lo espiritual y lo emocional.

«Si presenta su cuerpo al Señor al comienzo del día, encontrará que el espíritu de este mundo es menos capaz de atraer a su cuerpo a expresión alguna de desobediencia», explicó el pastor Jack. «Ya sea que se trate de un extremo del espectro, un asunto tal como la desobediencia sexual; o a un lado, tal como la posible desobediencia verbal, visual o en pensamiento; o en el otro extremo tal como la tentación a la desobediencia nutricional, presentar su cuerpo a Dios lo cambia todo».

He descubierto que esto es muy útil cuando trato de cuidar mi salud. Es casi como que en el momento en que presento mi cuerpo al Señor, Él me muestra lo que necesito hacer o lo que necesito dejar de hacer. No me lo muestra de una manera condenatoria, sino más bien de una forma que me alienta y me fortalece. Siento una mayor motivación y resolución dentro de mí, y me siento más capacitada para hacer buenas elecciones a través del día, elecciones que tal vez no hubiera realizado.

Sexto paso: Confiese sus pecados delante de Dios y pídale que lo ayude a vivir en sus caminos.

Diga: «*Señor, examíname y sondea mi corazón, ponme a prueba y sondea mis pensamientos. Ve si hay iniquidad en mí, y guíame por el camino eterno* (Salmo 139:23-24). *Ayúdame a vivir en obediencia a tus caminos*».

Todos nos sentimos muy mal cuando sabemos que hemos desobedecido a Dios o no hemos escogido lo mejor que Él tiene para nosotros. Sin embargo, Satanás quiere que nos sintamos tan condenados en eso que sintamos demasiada vergüenza para ir delante de Dios. Quiere que luchemos con la culpa hasta el punto de que no podamos siquiera orar. Aun así, el Señor nos ha dado una salida del camino de la condenación. Se llama confesión.

«La gente no sabe la diferencia entre condenación y convicción», dijo el pastor Jack. «La diferencia es que la convicción siempre lo llevará *hacia* el Señor, mientras que la condenación lo *apartará* de Él. Así que si se siente condenado, sepa que viene del adversario y vuélvase a Dios».

Nada tiene buen resultado en nuestra vida cuando no vivimos de acuerdo con la manera que quiere Dios, y una de las cosas que sucede es que nuestras oraciones no reciben respuesta. La Biblia dice: «Son las iniquidades de ustedes las que los separan de Dios. Son estos pecados los que lo llevan a ocultar su rostro para no escuchar» (Isaías 59:2). No deje que los pecados sin confesar lo separen de Dios. Todos fracasamos algunas veces, pero no deje que cualquier fracaso de su parte obstaculice sus oraciones. Si arregla este asunto con Dios en la mañana, no tendrá que arreglarlo cuando trate de descansar en la noche.

Pídale a Dios todos los días que lo mantenga libre de cualquier engaño. Y cuando Él le revela algún pecado, confiéselo de inmediato a fin de ser limpio de dicho pecado.

Si no puede pensar en ningún pecado en su vida, pídale a Dios que le muestre lo que debe ver en ese aspecto. Todos tenemos cosas en nuestros corazones, almas, mentes y emociones que no deberían estar allí, y que no son lo mejor de Dios para nuestras vidas. A menudo tenemos pecado en nuestros corazones y en nuestras vidas y no nos damos cuenta hasta que comenzamos a pagar las consecuencias de dicho pecado. Necesitamos mantenernos al día en cuanto a esas cosas. La Biblia dice: «Si afirmamos que no tenemos pecado, nos engañamos a nosotros mismos y no tenemos la verdad. Si confesamos nuestros pecados, Dios, que es fiel y justo, nos los perdonará y nos limpiará de toda maldad» (1 Juan 1:8-9). No puede ser más sencillo que esto.

Séptimo paso: Pídale a Dios que lo ayude a hablar solo palabras que traigan vida.

Diga: «*Señor, que las palabras de mi boca y la meditación de mi corazón sean agradables delante de ti* (Salmo 19:14). *Que traigan vida y verdad a todos los que las escuchan*». Todos somos capaces de decir las cosas malas o de hablar palabras que tal vez hieran a otros, aun si no queremos hacerlo. Lo que sale de nuestra boca puede causar problemas a nuestra vida, pero no tiene que ser así.

La Biblia dice que «el hombre propone y Dios dispone» (Proverbios 16:1). También dice que «de la abundancia del corazón habla la boca» (Mateo 12:34). Prepare su corazón llenándolo con la Palabra de Dios. Pídale a Él que le ponga un monitor en su boca para que cada palabra que salga de sus labios se diga con amor, sea verdadera, amable, consoladora, edificante, sabia, alentadora y que le dé la gloria a Dios. Él lo va a hacer.

Octavo paso: *Pídale a Dios lo que necesita.*

Diga: «*Señor, te pido que suplas todas mis necesidades hoy. De manera específica te pido por las siguientes cosas*». A continuación dígale al Señor lo que necesita.

«Dios les da a las aves lo que necesitan y usted también va a recibir lo que necesita», explicó el pastor Jack. «Aun así, Él todavía dice que le hace falta pedir. En otras palabras, el hecho de que Dios hace promesas no significa que van a caernos del cielo. Por el hecho de que Dios ha prometido algo, no quiere decir que esté obligado a hacerlo de forma automática. Hay una posibilidad de que si no ora, no recibe. La salvación es gratuita, pero nadie la recibe si no la pide. Dios dice que no nos preocupemos por lo que necesitamos, pero usted debe obedecer sus instrucciones y pedir».

Noveno paso: *Ore por la voluntad de Dios en su vida.*

Diga: «*Señor, que tu voluntad sea hecha en mi vida este día y todos los días*». Cuando alguien le preguntó al pastor Jack: «¿Cómo puedo saber la voluntad de Dios?», él le dijo que la pidiera todos los días. Cuanto más le pedimos a Dios que nos mantenga en su perfecta voluntad, menos posibilidades tendremos de estar *fuera* de ella.

Tal vez el Señor no le muestre los detalles exactos de su voluntad en el momento en que ore, pero cuando mire hacia atrás, la semana que pasó, el mes pasado, o el año pasado, verá cómo Dios lo ha guiado, aun cuando no estaba muy seguro de estar en el buen camino en ese momento. Y Él lo hizo porque usted sometió su vida a la voluntad de Dios todos los días.

Décimo paso: Ore por otras personas.

Diga: «*Señor, oro por las siguientes personas*». Luego enumere a todas las personas que le vienen a la mente. Comience con las personas cercanas, como los familiares y amigos íntimos. Menciónelos a cada uno por nombre y luego llévelos bajo la cobertura de la bendición de Dios. Después ore por su familia de la iglesia y por las personas que quizá vea en el día a dondequiera que vaya. Pídale a Dios que le muestre por quiénes debería orar ese día. Tal vez Él le sugiera a alguien que no conoce a fin de que lo adopte y ore por dicha persona. El pastor Jack nos dijo: «La extensión lógica de su tiempo devocional con el Señor es la oración intercesora». Como es natural, vamos a orar por otras personas cuando hemos estado a solas con Dios.

¿Y si necesito más poder?

La mayor fuente de poder es el nombre de Jesús. Él les dijo a sus discípulos que no habían pedido nada en su nombre antes, pero que ahora debían pedir *todo* en su nombre y que lo recibirían de Dios. Cuando caminamos cerca de Dios y pedimos en el nombre de Jesús, también veremos la manifestación de un gran poder a través de nosotros y las sorprendentes respuestas a nuestras oraciones (Juan 16:24-26). Esto coloca todo el enfoque en la persona de Jesús y en lo que Él logró en la cruz.

«Orar en el nombre de Jesús afirma su dependencia en quién es Él y en lo que ha logrado mediante la cruz», explicó el pastor Jack. «A través de la cruz Él rompió el poder de las tinieblas de modo que se lograra su propósito. Orar en su nombre es hacer lo mismo a favor de otras situaciones».

Otra manera de tener más poder y hacer una brecha con sus oraciones, en especial por las cosas más difíciles, es a través del ayuno. Ayunar y orar lleva a su cuerpo a la sumisión informándole que no tiene el control.

«Lo que sucede cuando una persona permite que su cuerpo sea el que manda, ya sea en lo sensual, sexual o en cualquiera otra dimensión, es que a la persona la comienza a gobernar otra cosa que no es el poder por el cual se creó para que la gobernara, y ese es el poder de Dios», explicó el pastor Jack. «Ayunar es una manera de decir: "Soy un ser espiritual antes de que físico. Soy un ser físico, así que necesito comer, pero también soy espiritual, así que a veces sostengo la supremacía de mi lealtad espiritual por encima y más allá de mi lealtad a mi cuerpo y a sus clamores". El ayuno es un instrumento que debilita el poder de las fuerzas espirituales del mal en el ámbito de las tinieblas para que no logren mantener su control en la vida humana, y en las mentes y las circunstancias».

Cuando ayuné con Mary Anne durante esos tres días y luego oraron por mí para que fuera libre de la depresión, fui testigo del poder de Dios de una manera que nunca había imaginado. No creo que sucediera por casualidad ni por accidente. No creo que Dios tenía un buen día y se sentía bondadoso conmigo en aquel momento. Dios *siempre* tiene un buen día porque todo en Él es bueno. Él siempre se siente benevolente porque es el Dios de amor. No obstante, algunas cosas no suceden a menos que ayunemos y oremos. Cuando entendemos qué cosas poderosas ocurren en el ámbito espiritual cada vez que ayunamos y oramos, ya no nos va a parecer como simplemente pasar hambre.

Si está enfrentando lo que parecen obstáculos insuperables y necesita más poder en sus oraciones, no solo trate de *sobrevivir* la batalla cuando puede *ganar* la guerra a través del ayuno y la oración.

¿Qué debo hacer si mis oraciones no reciben respuesta?

Hay muchas razones diferentes por las que nuestras oraciones no reciben respuesta. Es posible que no se hayan respondido *todavía* porque no es el tiempo indicado para recibir la respuesta. O tal vez hemos orado por algo que no es la voluntad de Dios. O nuestras oraciones se *contestaron*, pero no lo vemos porque no fue de la forma en que creíamos que deberían ser respondidas.

Algunas veces nuestras oraciones no reciben respuesta porque las pedimos con un corazón malo. Tal vez no hemos perdonado a alguien. «Si en mi corazón hubiera yo abrigado maldad, el Señor no me habría escuchado» (Salmo 66:18). Tal vez existe egoísmo en nuestro corazón o tenemos la motivación equivocada. «Y cuando piden, no reciben porque piden con malas intenciones, para satisfacer sus propias pasiones» (Santiago 4:3).

Jesús prometió que si pasamos tiempo a su lado, aprendemos de Él, llegamos a conocerlo, somos sinceros con Él y reconocemos nuestro pecado en su contra, podemos pedirle lo que queramos y nos responderá. «Si permanecen en mí y mis palabras permanecen en ustedes, pidan lo que quieran, y se les concederá» (Juan 15:7). La clave es querer lo que *Él* quiere. Cuando hacemos eso, *haremos* su voluntad y veremos la respuesta a nuestras oraciones.

Cuando conocí al Señor, oraba por todas las cosas y me desilusionaba cuando mis oraciones no recibían respuesta. A medida que fui madurando en las cosas de Dios, me di cuenta de que Él y yo estamos en el mismo lado de mis oraciones, y que orar es trabajar en sociedad con Él para ver su voluntad realizada en la tierra. Entonces fui más consecuente con mis oraciones y no me sentí tan desilusionada si no se contestaban de inmediato o de la forma en que las hacía. Confié en Él para que las contestara en el tiempo y en la forma en que decidiera. Me concentré en la oración en lugar de concentrarme en las respuestas. Fue algo que me liberó.

Una vez que ha orado, libérese de sus preocupaciones. Esto no quiere decir que no pueda orar de nuevo por la misma cosa, pero una vez que terminó de orar, permita que el asunto se entregue en las manos de Dios a fin de que descanse y tenga paz. No se preocupe de si Él lo escuchó o si usted lo hizo bien. Confíe en que Él se va a encargar de ese asunto. Aprenda a trabajar como *socio* de Dios. «El SEÑOR recorre con su mirada toda la tierra, y está listo para ayudar a quienes le son fieles» (2 Crónicas 16:9). Si se asocia solo con Dios, va a ver más poder en sus oraciones que si se asocia con otros.

El poder de la oración

Padre celestial, te agradezco en este día por quién eres y por todo lo que has hecho. Entro a tus puertas con acción de gracias y a tus atrios con alabanza (Salmo 100:4). Adoro tu santo nombre. Este es el día que tú has hecho, y me regocijaré y estaré alegre en él (Salmo 118:24). Gracias que eres mi Salvador, Sanador, Redentor, Liberador, Proveedor, Consejero y Rey venidero. Te doy gracias en forma específica de que eres (<u>nombre lo que más agradece con relación a Dios y que refleja su carácter</u>).

Te presento este día y te pido que lo bendigas en cada manera. Entrego todos los detalles de este día en tus manos. En todas las cosas que enfrento hoy, te pido que estés conmigo. Creo en ti de todo corazón y no me voy a apoyar en mi propio entendimiento. Te reconozco en todos mis caminos y te pido que dirijas mis senderos (Proverbios 3:5-6). Ordena mi día y encárgate de él. Ayúdame a hacer todo lo que necesito hacer. Dame paz en medio de lo inesperado.

Señor, te presento mi cuerpo como un sacrificio vivo, santo y agradable a Dios (Romanos 12:1). Ayúdame a tratarlo con cuidado y a ser un buen mayordomo de mi cuerpo. Ayúdame a no tratarlo mal y a no usarlo de forma inapropiada. Capacítame para tomar buenas decisiones en lo que respecta a mantener hábitos saludables. Gracias porque tú eres mi Sanador. En forma específica oro por (<u>nombre cualquier esfera en que necesita que el Señor lo ayude o lo sane</u>).

Enséñame de tu Palabra para que yo conozca tus caminos y ande por ellos. Ayúdame a vivir en obediencia a tus mandamientos. No quiero que nada obstaculice mis oraciones. Muéstrame cualquier pecado en mi vida para que pueda confesártelo y que tú lo limpies. Mantenme puro de corazón y mente. Si he pecado contra ti, te pido que me perdones y me restaures. De forma específica te confieso (<u>nombre cualquier esfera en que no ha vivido de acuerdo con los caminos de Dios en su vida</u>). Me arrepiento de todo esto y te doy las gracias porque tú eres un Dios que perdona. Gracias que mi pecado no me tiene que separar de ti, pues cuando me arrepiento y te lo confieso, puedo recibir liberación.

Muéstrame si tengo un espíritu no perdonador hacia alguien, y voy a confesar esa falta de perdón a ti como un pecado. En especial, oro por mi relación con (<u>nombre a cualquier persona que tenga que perdonar</u>). Crea en mí un corazón limpio y renueva un espíritu recto dentro de mí (Salmo 51:10). Libérame para que mi corazón esté limpio cuando vaya delante de ti. No quiero que nada me impida cumplir tu propósito fundamental para mi vida.

Señor, tú dijiste que en el día del juicio tendremos que dar cuenta de toda palabra ociosa pronunciada (Mateo 12:36). Ayúdame a refrenar mi lengua del mal y a mis labios de proferir engaños (1 Pedro 3:10). Ayúdame a hablar palabras que sean verdaderas, respetables, justas, puras, amables, dignas de admiración, excelentes o que merezcan elogio (Filipenses 4:8). Ayúdame a siempre poder dar razón de la esperanza que hay en mí (1 Pedro 3:15). Ayúdame a hablar la verdad en amor (Efesios 4:15). Lléname de tu amor para que fluya de mí en las palabras que hablo.

Oro pidiéndote que bendigas a mi familia y a mis amigos. En forma específica quiero elevar a (<u>nombre los miembros de su familia y sus amigos</u>). También pongo delante de ti a mi familia de la iglesia y a la gente que veo en el trabajo y a través de mi día (<u>nombre de manera concreta la gente que le viene a la mente</u>). Muéstrame a cualquier otra persona por la que quieres que ore hoy.

Señor, te pido que suplas todas mis necesidades hoy. Gracias, Señor, porque has provisto mis necesidades en el pasado y continuarás proveyéndolas en el futuro, tal como lo prometes en tu Palabra. Ayúdame a vivir en tu voluntad. Gracias que tu voluntad es algo que puedo saber y porque tú te revelas a mí cuando te lo pido. Ayúdame a permanecer en ti para que pueda entender tus caminos y tu corazón. Oro en el nombre de Jesús.

∽ ∽ ∽

El poder de la Palabra

Pidan, y es les dará; busquen,
y encontrarán; llamen, y se les abrirá.
Porque todo el que pide, recibe;
el que busca, encuentra;
y al que llama, se le abre.

MATEO 7:7-8

Es la buena voluntad del
Padre darles el reino.

LUCAS 12:32

Si ustedes, aun siendo malos,
saben dar cosas buenas a sus hijos,
¡cuánto más el Padre celestial dará el
Espíritu Santo a quienes
se lo pidan!

LUCAS 11:13

Dedíquense a la oración:
perseveren en ella con agradecimiento.

COLOSENSES 4:2

Busquen el reino de Dios,
y estas cosas les serán añadidas.

LUCAS 12:31

Tres

Busque
un compañero
de oración

Cuando comencé a asistir a esa nueva iglesia, me gustaba todo menos una cosa. Me molestaba que en algún momento de cada culto, el pastor Jack le pidiera a la congregación que se pusiera de pie y que se volviera a la gente de adelante o de detrás de nosotros. Luego debíamos formar un círculo uniendo nuestras manos con tres o cuatro personas. Debíamos presentarnos, decir nuestras peticiones de oración y orar los unos por los otros. Todo el proceso llevaba unos cinco minutos, pero eran los cinco minutos más largos de mi semana. Tener que mirar a los ojos a personas que no conocía y expresarles mi necesidad de oración específica era bastante molesto, pero tener que *orar* por *ellos* era sin duda atemorizante. En especial porque no estaba segura de que sabía orar.

Los temibles círculos de oración

El pastor Jack siempre nos decía que era de suponer que no nos sentáramos y engordáramos con las enseñanzas de la Palabra de Dios. Debíamos también ser hacedores de la Palabra. «Sigamos avanzando con el Señor», diría mientras movía el brazo sobre la congregación, como si nos invitara a ir con él a un nuevo lugar.

«Una de las cosas más difíciles de ser pastor es conseguir que las ovejas se muevan», me dijo un día el pastor Jack. «Las ovejas se tienen que levantar e ir a algún lugar, pero a las ovejas no les gusta moverse, les gusta comer. El problema es que si las ovejas siguen comiendo en el mismo lugar y no se mueven, al final solo se tragan el rastrojo».

Nunca saboreamos nada ni remotamente cerca del rastrojo.

Con mucha rapidez aprendimos que se esperaba que creciéramos. Dios nos aceptaba como éramos, pero por cierto que no nos iba a dejar así. Se esperaba mucho de nosotros e íbamos a cambiar. ¡Todo el tiempo! Una de las maneras más importantes y profundas en las que se esperaba mucho de nosotros era en la esfera de la oración. Y practicábamos, listos o no, cada vez que estábamos en los círculos de oración.

El pastor Jack nos *daba* una salida en cuanto a los círculos de oración. Nos decía: «Si no se sienten cómodos expresando sus peticiones y orando, o si nunca han hecho esto antes, solo díganles a las personas de su grupo que quieren observar».

Muy pocas veces la gente hacía esto. La mayoría siempre trataba de hablar y orar.

También nos dio pautas concernientes a cómo hacerlo. Por ejemplo, en forma específica nos dijo que no quería que la gente comenzara a orar sin dar los detalles de sus vidas. Nos dijo que no oráramos algo abstracto como: «Señor, tú conoces nuestras necesidades privadas», pues de esa forma no abríamos nuestro corazón. Nos instruyó que miráramos a nuestro alrededor y que viéramos que no se excluía a nadie. Si alguien quedaba fuera de un círculo, debíamos abrir el nuestro e incluir a esa persona. Si nuestro círculo era de más de cinco personas, debíamos dividirnos en dos grupos. Entonces debíamos orar los unos por los otros hasta que escuchábamos que comenzaba la música, lo que era nuestra señal para terminar. Y mientras la congregación cantaba un himno de adoración, los grupos que no habían terminado terminaban sus oraciones.

Al principio, les tenía miedo a esos círculos de oración. Sin embargo, no me llevó mucho tiempo darme cuenta de lo bien que me sentía cuando otros oraban por mí, así que estuve dispuesta a soportar esos momentos incómodos por el beneficio que seguía. Al final, los círculos de oración se convirtieron en una parte importante de mi vida y yo comencé a esperarlos con anticipación. Planeaba durante la semana las peticiones que les diría a las personas para que oraran por mí el domingo. Una vez que vi que las oraciones recibían respuesta, quedé atrapada. Me di cuenta de que quizá era el único momento en la tierra en que alguien oraba por mí, y que si no les decía a las personas de mi círculo de oración mis necesidades, nadie las hubiera sabido.

En unas pocas y raras ocasiones cuando no tuvimos los círculos de oración, estaba en verdad desilusionada.

A medida que pasaba el tiempo, me sentía cada vez más apegada a los círculos de oración. No solo se respondían las oraciones, sino que había una mayor unión entre las personas. Vería a alguien en la iglesia con quien había orado, y me acordaba de su nombre y sus necesidades.

«¿Encontraste el trabajo que buscabas, Guillermo?»

«¿Están las cosas más calmadas entre tú y tu esposo, Juanita?»

«¿Le está yendo mejor a tu hija en la escuela esta semana, Catalina?»

«¿Conseguiste la casa que estabas tratando de comprar, Francisco?»

«¿Sentiste nuestras oraciones por la depresión, Carla?»

Y personas que nunca había visto antes de conocerlas en un círculo de oración, vendrían a mí y *me* harían preguntas.

«¿Te sientes mejor esta semana, Stormie?»

«¿Cómo está tu mamá? ¿Hay alguna señal de mejoría?»

«¿Conseguiste el trabajo por el que oramos?»

«¿Pudiste cumplir con aquella fecha de entrega?»

Cada vez más, los rostros en los círculos de oración se me hicieron conocidos. Y no era una simple relación superficial, pues manifestábamos algo de nuestras vidas, almas y corazones los unos con los otros. Existía esta unión personal, y teníamos razones inmediatas para la preocupación mutua. Aun si no recordábamos los detalles específicos, sabíamos que habíamos pasado esos pocos minutos hablando y orando y era algo muy especial. Vimos cómo eso nos entretejía como un grupo, y esto se hizo más importante a medida que crecía la congregación. Se convirtió cada vez menos en una congregación de extraños y más en una familia de compañeros de oración.

La iglesia creció muy rápido, con muchas personas recibiendo al Señor todas las semanas, y parte de la razón de eso fue por el amor y cuidado extendido a las personas de los círculos de oración. Era algo poderoso y la gente respondió a eso.

Le pregunté al pastor Jack si temía que algo raro sucediera en un círculo de oración, una cosa como que alguien orara por algo equivocado. Él me dijo que el Señor lo había guiado a comenzar los círculos de oración como un medio de enseñarle a la gente a orar, y que él oraba que la presencia guiadora del Espíritu Santo estuviera en el centro de cada grupo. Sé que sus oraciones recibieron respuesta porque en todos los años que asistí allí, nunca escuché que nada raro ni extraño sucediera en los círculos de oración. Y en lo personal, tenía prueba de que el Espíritu Santo estaba presente en esos momentos por un incidente en particular que jamás olvidaré.

Solo hacía unos dos meses que asistía a la iglesia y ese día estaba, por cierto, en la iglesia sin mi amiga Terry. Estaba herida de manera terrible por dentro y tenía mucha necesidad de oración, así que en concreto esperaba con anhelo el círculo de oración esa mañana. Lo mejor que experimentara jamás era tener personas que oraran por mí. En realidad, *sentía* sus oraciones y veía las respuestas a ellas.

Esa mañana en particular, estaba más desesperada que nunca. No entendía lo que sucedía en aquel entonces, pero Dios estaba quitando cosas de mi vida que no debían estar allí, tales como trabajos que hacía y personas con las que pasaba tiempo. Esa extracción dolorosa y continua me hizo sentir como que toda mi vida se desmoronaba. Tuve que contener las lágrimas en el momento en que entré al santuario y sentí de nuevo la maravillosa presencia de Dios.

Cuando el pastor Jack pidió que todos se pusieran de pie y se volvieran a otros para orar, los círculos se formaron enseguida a mi alrededor, y yo quedé fuera de todos ellos. Me daba vuelta en todas las direcciones, pero todos tenían sus espaldas vueltas hacia mí. Si me hubiera sentido mejor conmigo misma y mi vida, solo hubiera tocado a alguien en el hombro y le hubiera pedido que me incluyeran. Sin embargo, estaba demasiado quebrantada, avergonzada, miedosa e intimidada. Había soportado un espíritu de rechazo desde los tempranos tiempos de mi niñez cuando mi abusadora madre me encerraba con llave en el armario durante horas como castigo, y ahora esto también se sentía también como rechazo, aun cuando sabía que nadie lo hacía a propósito. Además, estaba tan herida que no podía hablar sin llorar y no quise llamar la atención. La gente a menudo llora en los círculos de oración, pero no *antes* de presentarse.

Las personas en los círculos alrededor de mí estaban demasiado preocupadas con la gente nueva que acababan de conocer y con lo que iban a decir como para darse cuenta de que allí estaba yo, de pie y sola. Así que me volví para mirar el frente de la iglesia, oculté el rostro entre las manos y sollocé con discreción.

Nadie me escuchó porque el lugar estaba lleno del ruido que hacía la gente al hablar y orar.

De pronto sentí un toque suave en mi hombro, levanté la vista y vi a un hombre de unos cuarenta años. Tenía un rostro que mostraba mucha amabilidad y vestía un traje gris y usaba corbata.

«¿Puedo orar por usted?», me preguntó.

Asentí con la cabeza y en medio de los sollozos le dije: «Mi vida se está desmoronando».

El hombre estaba de pie en el pasillo y yo era la segunda persona en mi hilera. Había un hombre entre los dos, pero él nos daba la espalda, así que ese hombre pudo extender los brazos y tomarme de las manos sin que nadie se diera cuenta. Hizo una oración poderosa y llena de compasión con tal autoridad y profundidad que quedé sorprendida. Fue una oración fuerte y llena de discernimiento, como si supiera mucho sobre mí, y al darme cuenta de que el Espíritu Santo debe haberlo guiado a orar como oró, lloré más.

Cuando la música comenzó, él terminó la oración y se fue con tanta rapidez como apareció. Me sentí mal al no haber tenido tiempo de orar por *él,* pero de inmediato sentí paz y esperanza y le di gracias a Dios por eso.

Cuando terminó el culto, busqué por todos lados a este hombre que oró por mí para darle las gracias. Nunca antes lo había visto en la iglesia, pero recordaba a la perfección su rostro. Debido a la manera en que estaba vestido y a su modo de ser devoto, estaba segura de que debía ser uno de los pastores de la iglesia o uno de los ancianos o ujieres. Esto sucedió en los primeros años de la década de los setenta, y todo el mundo asistía a la iglesia vestido en forma casual. Los únicos que no lo hacían eran las personas que ocupaban algún puesto de liderazgo. La congregación era bastante pequeña en aquellos tiempos, solo unas trescientas personas, así que no era difícil encontrar a alguien que uno estuviera buscando. Y, sin embargo, no *lo* podía encontrar.

Pensé que tal vez se había ido inmediatamente después que terminó el culto y que no lo había visto. No obstante, cuando le pregunté al principal de los ujieres acerca de un hombre de esa descripción que estuvo ministrando, me dijo que esa mañana no había estado allí nadie ni siquiera parecido a la descripción que le había dado. Les pregunté a varias personas y todas dijeron lo mismo.

Después de eso lo busqué todas las semanas y nunca lo volví a ver de nuevo. Siempre sentí que Dios lo debe haber mandado para ayudarme en ese momento de gran necesidad, de la misma manera que envió ángeles o mensajeros a las personas de los tiempos bíblicos. En cuanto a quién era ese hombre, solo Dios lo sabe. Aun así, yo estaba segura de que lo envió el Espíritu Santo.

Durante los meses que siguieron a ese incidente, a medida que me fortalecía en el Señor, dejé de ser tan egoísta en cuanto a la oración y me enfoqué más en las necesidades de otras personas. Maduré lo suficiente como para pensar que los círculos de oración no eran solo un medio para que la gente orara por *mí*, sino como un medio para que yo orara por otra persona. Antes de cada culto le pedía a Dios que me capacitara para orar con poder por quien fuera que Él pusiera en mi círculo. Debido a que las oraciones de otras personas habían hecho tal impacto en mi vida, yo quería también hacer lo mismo por otros. Le pedí a Dios que hiciera un milagro a través de mí.

«El propósito de nuestros círculos de oración no es solo la respuesta a una necesidad», nos explicó el pastor Jack un día. «Es también mostrarnos que Jesús quiere ministrar *a través* de nosotros y que no es necesario que tengamos un título de pastor. Hay una gran tendencia en el cuerpo de Cristo a depender de alguien más, en especial un pastor, para que sea el medio por el que Dios va a obrar, cuando el deseo de Dios es obrar a través de *cada* creyente».

A medida que transcurría el tiempo, incontables historias y testimonios emergieron sobre la influencia de los círculos de oración para cambiar vidas. Muchos experimentaron un punto de cambio en sus vidas como resultado de las oraciones de personas nunca antes conocidas.

En uno de esos incidentes en particular, una pareja que nunca había estado en un círculo de oración visitó la iglesia por primera vez. No se sintieron incómodos porque habían caminado con el Señor durante muchos años. Es más, les agradó mucho porque las personas en su círculo demostraban amor y lo que sucedía era algo verdadero. Agradecían la oportunidad de orar por otras personas al igual que otros oraran por ellos en referencia a un gran problema que enfrentaban.

Después de terminar de orar, una joven en su círculo dijo que sentía que el Señor le hablaba a su corazón con referencia a ciertos pasos que podrían tomar para ayudarlos en su dificultad. Sus palabras fueron tan directas y profundas que la pareja se dio cuenta de que Dios les decía la forma práctica en que debían enfrentar la situación. Cuando llegaron a su hogar, tomaron esas simples pautas que sintieron que el Espíritu Santo les dio a través de la joven y las aplicaron a su problema. Y llegó a ser una solución sorprendente a algo que les había estado atormentado la mente cuando llegaron a la iglesia aquella mañana.

En otro ejemplo, un día un hombre de casi cuarenta años se acercó a la mesa del pastor Jack y de Anna en un restaurante, y les dijo que había asistido a la iglesia Church On The Way varias veces cuando era drogadicto y le iba muy mal. Se había criado en un hogar cristiano, pero se había apartado del Señor. Un amigo del trabajo le sugirió que visitara esa iglesia, y tan pronto como entró por la puerta sintió el amor de Dios y el de la gente. Lo habían criado con la idea de que «debía arreglar las cuentas con Dios» *antes* de ir a la iglesia. Sin embargo, mientras estaba en la iglesia se dio cuenta que Dios llegaba para aceptarlo justo donde estaba.

«Cuando entré al círculo de oración», dijo, «cualquiera podría haber visto que mi situación no era de las mejores. Cualquiera con sensibilidad espiritual podría haber discernido que no caminaba con el Señor. Tenía ocho centavos en el bolsillo y el tanque de gasolina de mi automóvil estaba casi vacío. Allí era donde estaba mi vida. Las personas me escucharon cuando les dije que no me iba bien y oraron por mí con franqueza. Algo sucedió aquel día en el círculo de oración, y por primera vez sentí que Dios escuchaba en realidad mi oración. En una semana fui una persona cambiada».

A los cinco años, aquel hombre rehizo su vida por completo y varias escuelas lo invitaban para dar charlas sobre el callejón sin salida de las drogas.

Esta clase de cosas pasaban todas las semanas en varios cientos de personas. Y a medida que la iglesia crecía, llegando a unos doce mil miembros, habría miles de personas en un culto, con cientos de círculos de oración funcionando al mismo tiempo, y se ministraba de forma personal a cada hombre y mujer. No solo *nuestras* vidas se conmovían de forma poderosa cada vez que participábamos, sino que también nos dio «preparación en el trabajo» sobre cómo orar por otras personas.

Yo oré en innumerables círculos de oración a través de los veintitrés años que asistí a esa iglesia antes que el Señor nos mudara a mi familia y a mí al estado de Tennessee. Allí visitamos varias iglesias diferentes e inclusive ayudamos a comenzar una iglesia nueva. Mientras que apreciaba mucho la maravillosa predicación, enseñanza y adoración, lo que más extrañaba eran esos «temibles círculos de oración».

El dúo poderoso

Aprendí a orar en los círculos de oración de la iglesia, pero pasó algún tiempo antes que me sintiera lo bastante valiente como para orar en voz alta en algún otro momento. Por supuesto que la gente había orado *conmigo* y *por* mí en muchas ocasiones desde que recibí al Señor. No obstante, siempre eran *ellos* los que lo iniciaban. La primera experiencia que tuve de llamar en realidad a alguien para que orara conmigo, se quedó grabada en la memoria de forma indeleble. A través de esa experiencia tuve una muestra del poder de orar con otra persona. *Se podría decir que estaba aprendiendo a pensar fuera del círculo.*

Había trabajado como cantante y actriz en un programa en particular de televisión y contraje un tipo de infección en mi rostro por usar el maquillaje para la televisión que se contaminó al usarlo en otra persona. En aquellos días, las personas que se especializaban en maquillar a los artistas no usaban productos desechables como hoy en día. Usaban una y otra vez los mismos cepillos y esponjas en una y otra persona una vez tras otra. Me estremezco al pensar en eso hoy en día, pero era algo del todo aceptado en esa época. Es lamentable, pero este tipo de cosa pasaba con demasiada frecuencia.

El programa de televisión se terminó la noche del jueves, y la primera cosa que hice el viernes por la mañana fue ver al médico. El doctor me recetó una medicina, pero la infección continuó empeorándose, creando llagas profundas en todo el rostro que supuraban y me ardían. Mientras más veía que se extendía, más preocupada me ponía.

El lunes por la mañana cuando me desperté, era insoportable. Tenía que ensayar ese día y cantar en un club nocturno esa noche, así que tenía que cubrir el problema con maquillaje lo mejor posible. Sin embargo, debido a la velocidad con que la infección se diseminaba, sería imposible cubrirla para el programa de televisión que tenía que filmar a la mañana siguiente.

Llamé a la oficina de la iglesia y traté de comunicarme con Mary Anne, la esposa del pastor que había orado por mí con respecto a mi depresión, pero no estaba y tampoco logré encontrar a otra persona. El lunes era el día que el personal tenía libre, así que la única que estaba era Carole, la recepcionista. Le dije lo que me pasaba y por qué necesitaba oración, y de inmediato ella se ofreció para orar conmigo por teléfono. Acepté con agradecimiento, y ella hizo una oración poderosa, pidiéndole a Dios que me sanara por completo. Luego me dijo algo que nunca he olvidado.

«El diablo te va a decir que no estás sanada», me instruyó con valentía. «Aun así, no lo escuches. Solo sigue agradeciéndole a Dios que Él sea tu Sanador y que te haya sanado. Vas a sentir como que empeoras, pero no le hagas caso a esos síntomas. Continúa agradeciéndole a Dios y habla las promesas de su Palabra sobre la sanidad».

Toda la tarde, en el club en el que estaba cantando, sentía como que la infección se profundizaba y se diseminaba, y mi rostro me ardía cada vez más. Me había cubierto la piel con mucho maquillaje y esperaba que debido a que el club tenía luces difusas, nadie lograra ver mi rostro con claridad. Sin embargo, durante un descanso en el baño de las mujeres, y con las potentes luces, pude ver que la infección empeoraba. Enseguida cerré los ojos y le di gracias a Dios por mi sanidad, de la forma que me instruyó Carole. Le dije a Satanás que no iba a escuchar ninguna de sus mentiras de que empeoraba porque había sanado por el poder de Dios. Cité todas las citas bíblicas que había escrito con relación a la sanidad.

Camino a mi casa, hice lo mismo, pero esta vez grité la Palabra de Dios en voz muy alta dentro de mi automóvil. «Gracias, Señor, porque te traspasaron por mis rebeliones, y molieron por mis iniquidades. Gracias que por tus heridas fui sanada (Isaías 53:5). Gracias, Señor, que por temer tu nombre, se levantará el sol de justicia trayendo en sus rayos salud (Malaquías 4:2). Gracias porque tú perdonas todos mis pecados y sanas todas mis dolencias» (Salmo 103:3).

Aquella noche, después que me acosté, todavía sentía que la infección empeoraba. Cada vez que me despertaba durante la noche, alababa a Dios por su sanidad y de nuevo citaba pasajes de las Escrituras. Fue una lucha tremenda, pero me negué a darle lugar a mis temores. Cuando me desperté a la mañana siguiente, corrí de inmediato al espejo y no podía creer lo que veían mis ojos. Las llagas, antes abiertas, estaban cerradas por completo y desvanecidas de tal manera que todo lo que veía eran manchas rosadas en los lugares que estuvieron. Fue un milagro. Nunca había visto que algo desapareciera con tanta rapidez y en forma tan completa. Me fue muy fácil cubrirme la piel con maquillaje para el programa de televisión de ese día y ese fue el final del asunto.

¿Sería una simple coincidencia? Si lo fue, es interesante que esa clase de coincidencias solo ocurran cuando oro. La sanidad me sorprendió, y debido a eso mi fe aumentó y me convertí en una creyente del poder que viene cuando se ora junto a otra persona.

Las personas que son significativas en nuestra vida

Una de las cosas que suceden cuando estamos llenos del Espíritu Santo y oramos por otras personas es que el Espíritu Santo *en* nosotros se mueve *a través* de nosotros para tocar a las personas por las que oramos. Al Espíritu Santo se le llama el Consolador porque Él viene *al lado* de las personas para traerles consuelo. Cuando nosotros estamos llenos del Espíritu Santo, también tenemos la habilidad de venir al lado de las personas y consolarlas y alentarlas. Al hacer eso, confirmamos lo importante que son para Dios y para nosotros.

«Vayan *al lado* de las personas, no solo vayan *a* ellas», siempre nos instruía el pastor Jack. «Sean consoladores y no les prediquen. Ayuda recordar que "consuelo" en griego es *paraklesis,* lo que quiere decir venir al lado de una persona porque lo invitaron. Hay una tendencia con algunas personas que tratan de ministrar a alguien que tiene una necesidad de ir *a* ellas de una manera que le resulta difícil recibir a la otra persona. Es algo en el tono de la voz, algo del estilo que viene como resultado de tratar de reflejar lo que han visto desde la plataforma en la iglesia. No es que esté mal lo que se hace desde la plataforma, sino que usted no puede actuar desde una plataforma. En nuestra vida diaria, estamos *al lado* de las personas».

Una vez me encontraba en un círculo de oración de cinco personas, y un hombre de casi sesenta años de edad, que se veía muy abatido y triste, pidió que oraran por él. Había estado sin trabajo por mucho tiempo y quería encontrar un trabajo. Otro joven del círculo en forma insensible y casi arrogante le dijo: «Su problema es que no tiene suficiente fe. Voy a orar para que tenga más fe».

Me sentí muy triste por el pobre hombre que no tenía trabajo, pues pude ver que lo dicho por el joven, y la forma en que lo dijo, lo hacían sentir peor. Yo era demasiado nueva en las cosas del Señor como para salir en defensa de aquel hombre, pero gracias a Dios que otro hombre mayor y de experiencia que estaba a mi izquierda, habló y dijo: «Todos necesitamos más fe. No hay ninguna persona aquí que no necesite más fe. También todos pasamos por tiempos difíciles y eso no quiere decir que no tengamos fe. Significa que necesitamos a nuestros hermanos y hermanas en el Señor para que vengan a nuestro lado en oración. Oremos por nuestro hermano aquí para que consiga un trabajo».

La oración llena de compasión de ese hombre me impresionó en lo más profundo porque pude ver el amor y la misericordia de Dios en ella. Y vi cómo conmovió al hombre que pidió oración.

Cuando terminamos de orar, su rostro y su expresión reflejaban ánimo y esperanza.

Es de suma importancia la forma en que nos relacionamos con las personas que nos rodean. La expresión «unos con otros» (o un equivalente de ella) se menciona muchas veces en la Biblia. Y cada vez que se cita queda claro que debemos tratar a los demás como si fueran personas significativas y de valor. A continuación enumero unas pocas de las cosas que Dios dice que debemos hacer los unos por los otros. ¿Puede ver, a medida que lee cada una de estas citas, cómo se logra esto a algún grado cuando ora?

Quince cosas que deberíamos hacer siempre los unos por los otros

Gemirán unos con otros	Ezequiel 24:23
Vivir en paz unos con otros	Marcos 9:50
Ámense los unos a los otros	Romanos 12:10
Tener el mismo sentir los unos para con los otros	Romanos 15:5 (LBLA)
Recibíos los unos a los otros	Romanos 15:7 (RV-60)
Se preocupen por igual unos por otros	1 Corintios 12:25
Sírvanse unos a otros	Gálatas 5:13
Tolerantes unos con otros	Efesios 4:2
Sean bondadosos y compasivos unos con otros	Efesios 4:32
Sométanse unos a otros	Efesios 5:21
Anímense y edifíquense unos a otros	1 Tesalonicenses 5:11
Preocupémonos los unos por los otros	Hebreos 10:24
Ámense de todo corazón los unos a los otros	1 Pedro 1:22
Vivan en armonía [...] sean compasivos	1 Pedro 3:8
El don que ha recibido, minístrelo a los otros	1 Pedro 4:10 (RV-60)

El que se menciona mucho más que los demás en la Biblia es «ámense los unos a los otros». La Biblia nos instruye a vestirnos «de amor, que es el vínculo perfecto» (Colosenses 3:14). Nos perfeccionamos en el Señor cuando vamos al lado de otros con amor y oramos por ellos.

La Biblia también menciona muchas cosas que *no* debemos hacerles a los demás porque al hacer esas cosas a otras personas las hiere y les quita importancia a sus vidas. A continuación anoto unas pocas. ¿Puede ver, a medida que lee cada una, cómo orar por los demás puede *evitar* que haga estas cosas?

Diez cosas que nunca deberíamos hacerles a los demás

No mientan ni se engañen unos a otros	Levítico 19:11 (DHH)
No se exploten los unos a los otros	Levítico 25:14, 17
No os enseñorearéis unos de otros	Levítico 25:46 (LBLA)
No se quejen unos de otros	Santiago 5:9
No se traicionen unos a otros	Mateo 24:10
No se maltraten el uno al otro	Hechos 7:26 (RV-60)
No tengan pasiones lujuriosas los unos con los otros	Romanos 1:27
Dejemos de juzgarnos unos a otros	Romanos 14:13
No se atropellen entre sí	Joel 2:8
No haya pleitos entre ustedes	1 Corintios 6:7

No tenemos que mirar muy lejos para ver a personas que sufren por algo que les hizo alguien. Sin embargo, Dios quiere consolarlas mediante nuestras oraciones. Él quiere cambiar sus vidas y bendecirlas con sus propósitos para ellas. Dios nos pide que proclamemos el valor de otras personas al unirnos a ellas en oración.

Los compañeros de oración indispensables

Después que experimenté esa sanidad asombrosa, comencé a pensar: *¿No sería maravilloso tener una compañera de oración con la que oraría cada vez que necesitara oración?*

«Señor, ¿con quién podría orar en forma regular?», le pregunté.

De inmediato pensé en una joven. Diane había sido mi amiga más íntima durante muchos años, pero nos habíamos distanciado. Juntas estuvimos en el ocultismo, y cuando recibí al Señor y dejé todas mis prácticas del ocultismo, ella sintió que no solo me había vuelto loca, sino que también la había abandonado. Había estado orando que ella estuviera dispuesta para el Señor, y es más, oraba a menudo por ella en los círculos de oración de la iglesia, pero ella se mantenía con una resistencia firme.

Oré por ella como una posible compañera de oración, y más tarde aquel día la llamé para preguntarle cómo estaba. Hacía varias semanas que no hablábamos, y me sorprendió encontrarla en un estado de mucha desesperación. Me dijo que hacía bastante tiempo que tenía una severa depresión y que sufría de agorafobia. Eso quería decir que tenía miedo de salir de su casa y de estar en lugares públicos con gente. A decir verdad, sufría ataques de pánico cuando iba al supermercado. No daba crédito a lo pronto que decayó desde la última vez que hablara con ella.

Diane y yo habíamos sido amigas íntimas durante nuestros años en la secundaria porque teníamos en común una profunda comprensión del dolor emocional la una de la otra. A ella la crió una madre alcohólica y lo que recordaba de su niñez era llegar a su casa de la escuela todos los días y encontrar a su madre ebria, inconsciente, tirada en el piso de la sala. Al igual que yo, trataba de mantener su vida familiar en secreto y mantener una buena fachada ante otras personas.

Aquel día en particular que la llamé, Diane estaba sorprendentemente dispuesta a todo lo que tenía que decir sobre el Señor. Supe que era una respuesta a la oración. Me dijo que había observado una diferencia notable en mí y que quería lo que yo había encontrado. Con mi manera un poco torpe y sin experiencia, la guié al Señor durante la llamada telefónica. La invité a asistir a la iglesia conmigo el domingo siguiente y ella aceptó.

Diane vivía muy lejos de mi casa, en la dirección opuesta de la iglesia, así que no la recogí el domingo. Estaba preocupada pensando si en realidad iba a asistir a la iglesia, pero oré por ella por teléfono el sábado por la noche a fin de que fuera fuerte y que no permitiera que el miedo controlara su vida. Le recordé que ahora tenía a Jesús viviendo en su corazón, dándole una fuente de poder con la cual resistir y elevarse por encima de sus temores. Qué gozo tan grande sentí cuando la vi entrar al estacionamiento de la iglesia el domingo, justo a tiempo para el culto.

En el santuario, se sentó entre Michael y yo para que se sintiera rodeada con seguridad, y lloró durante todo el culto de la misma manera que lo hice yo. Cuando el pastor Jack realizó su conmovedor y apremiante llamamiento para pedirle a la gente que viniera al Señor, ella levantó la mano para recibir a Jesús. ¡De nuevo! Estaba encantada porque no estaba segura de haberlo hecho bien. Además, era una confirmación de que se había tomado en serio ese paso y no solo lo hacía por mí.

Dios no solo escuchó mis oraciones por la salvación de Diane, sino también mis oraciones por una compañera de oración. Después que recibió al Señor, comenzamos a orar juntas por teléfono por lo menos tres veces a la semana. Durante los próximos pocos años, vimos que nuestros tiempos de oración fueron de provecho en cada una de nosotras para encontrar la sanidad y la integridad que Dios tenía para nuestras vidas. Desde ese tiempo en adelante, tener una compañera de oración se convirtió en una necesidad indispensable para mí.

Si nunca ha tenido a alguien con quien orar mientras crecía, no es la única persona. Yo no la tenía tampoco. Si no tiene alguien con quien orar de forma regular ahora, no se preocupe, puede orar para que Dios traiga a su vida uno o más compañeros de oración. Pídale a Dios que le traiga a alguien con quien pueda ponerse de acuerdo de una forma regular. Alguien con quien rendirse cuentas mutuas en oración. Es posible que sea alguien que conoce, como un amigo, compañero de dormitorio o miembro de la familia. O alguien en su vecindario, en una clase que esté tomando o en el trabajo. A lo mejor sea alguien nuevo que Él traiga a su vida de forma específica para ese propósito. Alguien que tal vez haya visto, pero que nunca pensó a ese respecto. Dios le va a mostrar quién es.

Una palabra de advertencia. Cuando se dirija a una persona para pedirle si quiere ser su compañero o compañera de oración durante un tiempo, no se sienta disgustado ni rechazado si no acepta su petición. Eso solo quiere decir que no es la persona adecuada para *usted,* o que no es el tiempo apropiado para *ella.* Le pedí a mi esposo si quería ser mi compañero de oración regular, pero a él no le interesaba un horario determinado con antelación. Solo quería orar cuando sentía deseos de hacerlo, pero eso no bastaba para mí. A él le gusta orar por los proyectos en general; a mí me gusta orar por los detalles. Aunque oramos juntos a menudo, tengo compañeras de oración con las que oro en forma regular. No se desanime si le lleva tiempo encontrar a la persona adecuada. Concédale tiempo a Dios.

Cuando le pide a una persona que ore con usted, no tema expresarle los temores que quizá tenga sobre la oración. Dígale si tiene miedo de no saber qué decir, o de no tener suficiente fe, o cualquier cosa que le preocupe. Por ejemplo, cuando comencé a orar con otras personas por primera vez, tenía miedo de que Dios no contestara mis oraciones, como si todas las respuestas a la oración dependieran por completo de mí. También me sentía renuente a orar frente a otras personas que dominaban mejor el lenguaje o más conocimiento sobre *cómo* orar. Al final llegué a comprender que Dios no busca la elocuencia, sino solo un corazón puro y con fe. Una vez que me di cuenta de que *mi* trabajo solo era orar, y que el trabajo *de Dios* era responder, me sentí más cómoda. Todo no dependía de mí. Dependía de Dios. Todo lo que tenía que hacer era tener fe de que Dios responde a las oraciones.

Cuando comienza a orar en forma regular con un compañero, verá que suceden grandes cosas. Eso se debe a que cada uno de ustedes trae al Espíritu Santo que tiene dentro y el poder aumenta en forma exponencial. También su fe va a inspirar crecimiento en la fe de la otra persona, y la fe de esa persona va a hacer aumentar su propia fe. Esto produce un efecto de alud que lo capacita para tener fe para cosas mayores y mejores. Una vez que tiene un compañero de oración, va a ver a Dios moviéndose con poder en su vida y nunca va a querer estar sin una persona que ore con usted.

La sinceridad necesaria

Una de las cosas más importantes que aprendí acerca de unirme en oración con otra persona fue la necesidad de la sinceridad. Con demasiada frecuencia no somos sinceros cuando le expresamos nuestras peticiones de oración a otra persona, pero la sinceridad ante Dios y ante el hombre es crucial. He visto muchos matrimonios en los que los cónyuges prefirieron arriesgarse a un divorcio antes que contarle a alguien que tenían un problema y pedir ayuda en la oración. O si pidieron oración, no fueron sinceros en cuanto a la seriedad de su situación. Creían que su lucha era tan privada, que no pudieron llamar a alguien para que viniera a su lado y los ayudara a llevar la carga en oración.

A menudo las personas no piden oración porque sienten vergüenza de admitir que necesitan oración. O no quieren molestar a nadie con sus problemas. Sin embargo, hay personas a quienes Dios ha *llamado* para que vengan a nuestro lado en oración. Si no les damos la oportunidad, ya sea porque no pedimos o porque no lo decimos con sinceridad, perdemos muchas de las bendiciones que Dios tiene para nosotros.

La oración es una de las maneras más importantes en la que podemos llevar los unos las cargas de los otros (Gálatas 6:2). Tal vez usted no pueda llevar la carga financiera de otra persona ni la carga de su mala salud, matrimonio infeliz, ni hijo problemático, pero puede orar por ellos para que tengan provisión, para que sean sanados, que encuentren restauración, o que logren derrotar a un espíritu rebelde.

Algunas personas dicen que uno no debe hablar *nunca* cosas negativas. Así es como eran mis prácticas en el ocultismo. Esa clase de pensamiento me llevó a pensar en el suicidio porque nunca podía enfrentar la verdad. No podía contarle a nadie lo que sucedía *en realidad* y pedir ayuda. Después que conocí al Señor encontré que hay algunos creyentes que también piensan así. Dicen que uno nunca debería confesar cosas negativas. Si eso es verdad, ¿cómo pide alguna vez ayuda? No me refiero a quejarse y a siempre hablar de forma negativa sobre alguna cosa. Me refiero a expresarles con sinceridad el dolor y la necesidad a las personas a fin de que sepan cómo orar por usted. Me refiero a caminar en la luz del Señor junto con otros creyentes para que sea capaz de recibir la limpieza de todos los efectos del pecado en su vida, los propios y los de todo el mundo a su alrededor (1 Juan 1:7).

«Una revelación sincera y franca es una característica importante de nuestra comprensión de la vida de la fe», dijo el pastor Jack. «Hay algo con relación a caminar en la luz de una relación transparente que adelanta la obra purificadora de la gracia de

Dios en nuestras vidas. Esto es importante porque algunas personas sugieren que si uno es franco al describir su dolor, su problema, su dificultad o su lucha, uno se queja de lo que Dios ha hecho por uno y niega el funcionamiento de la fe vital. Esto no es bíblico. De otra forma no encontraría al apóstol Pablo diciendo: "Tres veces le pedí al Señor una respuesta a mi problema y no se solucionó". Hay algunas personas que se lo reprocharían al apóstol Pablo. Dicen que debería haber pedido una vez y luego alabar a Dios y confesar la victoria. Pablo continuó pidiendo y pidiendo, y al final cuando nada pasó, el Señor le habló y le dijo: "Te basta con mi gracia, pues mi poder se perfecciona en la debilidad". Durante ese tiempo aprendió una dimensión de la gracia que no hubiera aprendido de ninguna otra manera. Una revelación sincera no es una violación del principio de la fe».

Pablo fue el mismo hombre que dijo: «Todo lo puedo en Cristo que me fortalece» (Filipenses 4:13), y también: «En todo esto somos más que vencedores por medio de aquel que nos amó» (Romanos 8:37). Sin embargo, también dijo: «Nuestro cuerpo no tuvo ningún descanso, sino que nos vimos acosados por todas partes; conflictos por fuera, temores por dentro» (2 Corintios 7:5). El apóstol Pablo conocía la vida victoriosa en Jesús, pero era del todo sincero para decir cómo eran las cosas. Había visto respuestas a la oración, pero quería explicar las cosas tal como eran. Uno de los aspectos más importantes de orar junto a otra persona es poder abrir nuestros corazones con sinceridad y decir las cosas como son.

He visto que en la oración en grupos que he tenido, y siempre he tenido uno durante los últimos treinta años, que las personas que abrían sus corazones y hablaban con sinceridad eran las que veían las mayores respuestas a sus oraciones. Progresaban con mucha mayor rapidez en su andar con Dios. Veían más avances que otras personas que no se expresaban con tanta sinceridad.

En realidad, se trata de ser sinceros delante de *Dios* sobre nuestras necesidades. Sí, Él ya las sabe, pero aun así quiere que le pidamos.

Por supuesto, es un riesgo pedir con sinceridad, y al final tiene que decidir si está dispuesto a correrlo. De ahí la importancia de buscar personas de confianza para que sean sus compañeros de oración. Cuando mi esposo y yo estábamos teniendo problemas, decidí que me iba a arriesgar a que se enterara todo el mundo si alguien optaba por divulgar la noticia. Así que les hablé con sinceridad a mis compañeras de oración, en quienes confiaba, y oré que nadie violara mi confianza al revelar esta información confidencial a otras personas. Gracias a Dios, había confiado en personas maduras y sensibles, y nadie jamás esparció chismes sobre nuestra lucha.

No es una vergüenza tener problemas, pero sin duda es una lástima terminar en problemas porque alguien tuvo demasiada vergüenza u orgullo para pedir ayuda. Seamos sinceros. Es el mejor método.

Las oportunidades de oro

Diane fue mi compañera de oración por algunos años preciosos hasta que desarrolló cáncer de mama y estuvo muy enferma. Oramos juntas tanto tiempo como pudimos, y luego se le hizo imposible a ella. Cuando murió, la extrañé terriblemente, no solo como a una amiga y hermana en el Señor, sino también como a una compañera de oración. Le pedí a Dios que me enviara otra compañera de oración con la cual pudiera orar con tanta frecuencia y fidelidad como lo hicimos nosotras.

Me llevó un tiempo encontrar a alguien, y en el intervalo aprendí a aprovechar cada oportunidad que tenía para orar con otra persona. Estaba tan desesperada por orar que tomaría de las manos a cualquiera que estuviera dispuesta a orar conmigo. Si tenía una petición de oración, no descansaba hasta que encontraba a alguien que orara por eso conmigo. Mientras más hacía eso, más consciente era de las oportunidades de oro que hay a nuestro alrededor para orar con otra persona. Los compañeros de oración están por todas partes, si solo abrimos los ojos para verlos. Muchas personas anhelan orar con alguien pero son renuentes para pedir, por una razón u otra.

«La idea de la intercesión, como aparece en las Escrituras, reconoce un elemento de oportunidad, de casualidad», dijo el pastor Jack. «Uno de los significados de la palabra *intercesión* es *suceder* o *encontrar por casualidad*. Dios tiene personas en diferentes lugares y en distintos momentos, y a menudo no se dan cuenta de que está allí de forma específica para esa ocasión y tiempo. Es posible que llegue una circunstancia de oración designada de manera divina para que brille la luz del cielo, pero está a la espera de un punto de contacto en la tierra para que haga descender el poder. Algunas personas dicen que si Dios puede hacer los arreglos para que una persona esté en cierto lugar para orar, ¿por qué Él no arregla la respuesta a la oración? Dios no trabaja de esa manera. Él desea que nuestras oraciones *se asocien* con su poder. Nosotros somos el pararrayos en la tierra. Dios podría "actuar", es decir, manifestar su poder, sin nosotros, pero no actúa en forma fortuita. Más bien, en su voluntad soberana, decidió trabajar en la tierra a través de una asociación con los que quieren y están dispuestos a recibir su voluntad».

Quizá pensemos que las cosas que nos pasan son simples casualidades, pero no lo son. Tal vez pensemos: *¿No es interesante que yo estuviera allí de casualidad cuando esta persona necesitaba oración?*, pero no es solo interesante, se concertó de forma divina. Hay personas por todos lados que orarán con usted en un momento dado, sin previo aviso, y debe reconocer estas oportunidades de oro y no dejarlas pasar.

❧ ❧ ❧

Cuando aprendí a orar con una compañera sobre las cosas que me preocupaban, descubrí que oraba más y con mayor dirección y propósito. Como resultado, las cosas comenzaron a progresar en mi vida. Experimenté más liberación, sanidad, crecimiento y éxito. Y llegué a ver que estas cosas sucedían no solo porque oraban por mí, sino porque yo oraba por otras personas. Su oración por otra persona lo beneficiará a *usted* tanto como a esa persona. Y la oración de ellos por usted los beneficiará a *ellos* tanto como a usted.

Dios tiene a alguien con el que quiere que ore. No vacile en preguntarle quién puede ser esa persona. Se sorprenderá de manera agradable.

El poder de la oración

Señor, tú dijiste que donde se reúnen dos o tres personas en tu nombre, tú estás en medio de ellas (Mateo 18:20). Qué promesa tan maravillosa para nosotros. También dijiste que cuando dos de nosotros estamos *de acuerdo* en oración, tú vas a contestar (Mateo 18:19). Oro que me ayudes a encontrar a alguien con quien pueda estar de acuerdo. Te pido que envíes de forma específica una o más personas a mi vida que estén dispuestas a orar conmigo en forma regular. Que sean personas de confianza y maduras en tus caminos, y que tengan fe para confiar en respuestas de la oración. Ayúdame a ser sensible en cuanto a quiénes pueden ser.

Si me dirijo a una persona y le pido que ore conmigo, ayúdame a no sentirme herido ni ofendido si se niegan. Ayúdame a ser lo bastante adulta como para reconocer que tal vez no fuera la persona adecuada para ese momento. Ayúdame a no desistir y a dejar de pedir oración. Ayúdame a prestar atención a lo que *tú* quieres en lugar de lo que piensan *otras* personas.

Enséñame a ser un apoyo fuerte en oración para otras personas. Obra en mí cuando oro con otra persona a fin de que ore como es debido. Ayúdame a escuchar a tu Espíritu Santo guiándome y dándome conocimiento, revelación y discernimiento. Muéstrame cosas que no vería por mi cuenta. Hazme un poderoso guerrero de oración. Haz milagros a través de mí cuando oro.

Dame la valentía de *pedir* que otros oren por mí. Ayúdame a ser sincero al manifestar mis peticiones de modo que los asuntos se enfrenten y se resuelvan los problemas porque oramos de acuerdo con la verdad. No quiero ocultar, por orgullo o miedo, cosas que se deben revelar. No quiero dar una falsa vislumbre de mi situación para impresionar a los demás. Ayúdame a ser transparente por completo para que las oraciones por mí estén llenas de poder.

Ayúdame a reconocer oportunidades de orar con otros que de otra manera no hubiera visto. Dame valor para orar por las personas con el fin de que no vacile ni oculte las oportunidades que se presentan. Capacítame para ser más consciente en cómo obedezco tu dirección en lugar de cómo me veo ante los demás. Ayúdame a ponerme al lado de las personas en oración, tal como tú, Espíritu Santo, te pones a mi lado. Ayúdame a consolar a otros de la forma en que tú me traes consuelo.

Señor, ayúdame a crecer en el conocimiento del poder de la oración. A medida que me esfuerce para orar por otros, dame fe que va en continuo aumento para creer en las respuestas. Sé que contigo, Dios, nada es imposible. Ayúdame a confiar en tu buena voluntad de escuchar y responder. Capacítame para que ore en todo momento de acuerdo con tu voluntad. Mi oración más importante es que se haga tu voluntad en todas las cosas. Oro en el nombre de Jesús.

❧ ❧ ❧

El poder de la Palabra

Si dos de ustedes en la tierra se ponen de acuerdo sobre cualquier cosa que pidan, les será concedida por mi Padre que está en el cielo.

MATEO 18:19

Ayúdense unos a otros a llevar sus cargas, y así cumplirán la ley de Cristo.

GÁLATAS 6:2

Estén siempre alegres, oren si cesar, den gracias a Dios en toda situación, porque esta es su voluntad para ustedes en Cristo Jesús.

1 TESALONICENSES 5:16-18

Si ustedes creen, recibirán todo lo que pidan en oración.

MATEO 21:22

No se inquieten por nada; más bien, en toda ocasión, con oración y ruego, presenten sus peticiones a Dios y denle gracias. Y la paz de Dios, que sobrepasa todo entendimiento, cuidará sus corazones y sus pensamientos en Cristo Jesús.

FILIPENSES 4:6-7

Cuatro

Únase al grupo

Nuestra iglesia crecía a pasos agigantados cuando el pastor Jack nos pidió a Michael y a mí que fuéramos uno de los matrimonios que tomaran clases que nos prepararan para guiar un grupo de oración en nuestro hogar. Cuando estuvimos listos, abrimos nuestro hogar a lo que llegaría a ser la experiencia sobre la cual se construiría al final mi futuro. A la larga, eso fue lo que me llevó a escribir todos mis libros, en especial los que tratan del poder de la oración. Les explicaré cómo sucedió.

Antes de la primera reunión que realizamos en nuestro hogar, sentí mucho entusiasmo y expectativa. Ya tenía un enorme amor por las personas, aunque no las hubiera visto, debido a toda la oración que hacíamos en preparación para ese día. Era una sensación nunca antes experimentada porque no entendía cómo se ama a una persona que ni siquiera se conoce. Sin embargo, Dios le da a uno el corazón *de Él* para las personas cuando se ora por ellas, y Michael y yo habíamos estado orando durante meses.

No teníamos idea de quiénes vendrían, si es que iba a venir alguien, porque la gente escogía un grupo de acuerdo al lugar.

Las direcciones se anotaban en un boletín en la iglesia y la gente iba al sitio que les era más conveniente. Resultó que vinieron dieciocho personas, lo cual era bastante para un grupo hogareño. Parecía la mañana de un día de Navidad porque cada uno nos trajo un regalo especial.

De acuerdo a las pautas que nos había dado el pastor Jack, Michael se hizo cargo del tiempo de la adoración, leyó las Escrituras y dio una enseñanza corta sobre ese pasaje bíblico. Luego todos contaron cómo las Escrituras y la enseñanza les hablaron a sus vidas. Todo eso tomó unos cuarenta y cinco minutos, después de lo cual Michael me pasó la reunión a mí y yo guié el siguiente tiempo de oración. Cuando pregunté si alguien tenía una petición de oración, la respuesta fue sobrecogedora. De inmediato, era evidente que había muchas más necesidades de las que teníamos tiempo de orar en forma adecuada aquel día.

Luchamos durante las primeras reuniones tratando de que todo encajara en el tiempo dispuesto, y luego llegó a ser aparente que además de esa reunión mensual, necesitábamos otro tiempo cuando pudiéramos reunirnos sin los hijos y concentrarnos solo en la oración. Así que programamos una reunión de oración para la noche del primer viernes de cada mes y de nuevo la respuesta fue sobrecogedora. Todos asistieron.

En esa primera reunión del viernes me di cuenta de que debíamos separar el grupo entre hombres y mujeres o terminaríamos la reunión demasiado tarde. Además, sospechaba que había necesidades en las mujeres que no se atendían en el grupo mixto. Así que los hombres se quedaron en la sala con Michael y yo llevé a las mujeres a nuestro dormitorio. Sentía que las mujeres necesitaban privacidad para hablar con franqueza.

No teníamos suficientes sillas, así que las ocho mujeres nos quitamos los zapatos y nos sentamos en un círculo sobre la enorme cama. Cuando pedí una voluntaria que hablara primero, una joven a quien voy a llamar Marta, levantó la mano. Era una joven gentil y bonita de unos treinta años, que siempre venía con su esposo y sus dos hijos pequeños.

«Dinos cómo quieres que oremos por ti, Marta», le dije.

«Odio mi vida y no sé qué hacer en cuanto a eso», dijo Marta, rompiendo a llorar y luego en convulsivos sollozos.

Su declaración me sobresaltó, y aunque no miré a las demás para ver sus reacciones, estoy segura de que afectó a todas las mujeres en el cuarto de la misma manera. No me asombraba de que alguien odiara su vida. Tampoco me asombraba de que alguien rompiera a llorar y sollozara por eso. Había pasado por esa experiencia. Sabía lo que se sentía. Aun así, me asombraba de que *ella* lo dijera. Marta y su esposo eran una poco común pareja muy positiva y piadosa que tenía dos hijos maravillosos. Era la clase de familia que todo el mundo amaba y admiraba. Ella parecía ser la esposa y madre perfecta, alguien que siempre estaba al tanto de todo y rebosaba de amabilidad.

Quise abrir la boca y decir como respuesta: «¡Bromeas!». Sin embargo, no lo hice porque era la líder. En cambio mantuve una postura calmada que indicaba que esta no era una petición fuera de lo común. Y estoy contenta de haberlo hecho porque la suya solo fue la primera de muchas que seguirían.

La revelación de Marta fue una experiencia que me abrió los ojos. Me mostró cuánto dolor puede haber en gente que ni siquiera sospechamos que sufre. Solo Dios sabe cuánta gente aparenta estar bien y se mantiene sin desarmarse con un fino pegamento de desesperación con el propósito de sobrevivir. Aun *creyentes* buenos.

Marta explicó cómo nada en su vida había resultado de la manera en que pensaba que debería haber resultado. No era que tuviera un matrimonio malo, pero no suplía todas sus necesidades. Además, tenía tantas expectativas de sí misma como esposa, madre y sierva del Señor que sin cesar se sentía como un fracaso y con mucha facilidad se sentía del todo vacía en lo físico y lo emocional. Al formularle preguntas para ver de dónde venía esto, me sentí guiada por el Espíritu Santo a preguntarle si había estado negando una parte importante de quién era para tratar de ser todas las cosas para toda la gente.

Comenzó a llorar de nuevo y dijo: «Sí, lo he hecho. Por tanto tiempo como puedo recordar, he querido ser escritora. No obstante, después que me casé y tuve hijos, no he podido escribir nada».

«Marta, vamos a orar para que recibas la libertad de la tristeza y la desesperación que sientes en cuanto a tu vida», le dije. «Este desánimo es el plan del diablo para ti. A pesar de eso, Dios tiene otro plan y no tiene nada que ver con que logres las expectativas de otras personas. Tiene que ver contigo y que pongas todas tus expectativas en el Señor. Dios no quiere que te sientas como te sientes, pero Él entiende y tiene una solución para tu dolor. Te ha dado dones que se deben usar para su gloria, y siempre te vas a sentir frustrada si no los usas. Si Dios ha puesto en tu corazón que escribas, deberías estar haciendo un poco de eso todos los días. No es necesario que descuides el resto de tu vida para hacerlo. Solo consigue un cuaderno para este propósito y escribe allí algo de lo que Dios ponga en tu corazón».

Las otras siete mujeres estuvieron de acuerdo con eso y todas le impusimos las manos a Marta y oramos por ella de la forma en que nos guió el Espíritu. Fue un tiempo de oración poderoso y ella sollozó durante todo el tiempo. Rompimos el control del desaliento y la desesperación que tenía cautiva a Marta, y luego el sentimiento de alivio y liberación fue claramente visible en su rostro.

El siguiente mes Marta vino al grupo de oración y contó lo sucedido desde aquella noche que todas oramos por ella. Había comprado un diario y escribía en él todos los días como le había sugerido, y estaba sintiendo una nueva visión para su vida y esperanza sobre su futuro. También sentía más paz y satisfacción. A través de los siguientes meses continuamos orando por diferentes aspectos de este asunto cada vez que nos reuníamos para orar y ella comenzó a prosperar.

Marta no era la única que tenía profundas necesidades. Cada mujer del grupo contó una historia conmovedora, y una por una vio respuestas milagrosas a incontables oraciones. Tal vez fue porque estábamos sentadas en un círculo tan informal que hizo que cada mujer se sintiera lo bastante cómoda como para ser transparente por completo con relación a lo que sucedía en su vida. O tal vez se debiera a que Dios nos juntó de forma específica para ese propósito. Creo que fue una combinación de ambas cosas. Desde entonces he aprendido que uno no puede encontrar la extensión total de su destino y propósito sin contar con otros creyentes que se paren a su lado en oración.

Quiénes se benefician de un grupo de oración hogareño

Al final, nuestro grupo hogareño creció hasta llegar a setenta y cinco personas, lo cual no solo era demasiado grande para nuestra casa en aquel tiempo, sino que era abrumador en cuanto a suplir las enormes necesidades de la gente. Era del tamaño de una pequeña iglesia, pero Michael y yo no éramos pastores a tiempo completo. Ambos teníamos trabajos a tiempo completo además de nuestro ministerio. Dirigimos el grupo por mucho más de un año antes que se dividiera y se prepararan otros líderes para llevarse partes del grupo a sus propios hogares. Para ese tiempo, nosotros estábamos listos para un descanso.

Durante la última reunión de nuestro grupo, cada persona dio testimonio de las muchas respuestas a la oración que vieron en el tiempo en que estuvimos juntos. Fue asombroso escuchar las historias, y el flujo de lágrimas y alabanza no se lograba contener. Comenzamos como un pequeño grupo de desconocidos, cuyo lazo común era su iglesia, su pastor y su amor por el Señor, y terminamos como una familia espiritual con profundas conexiones y recuerdos que durarían toda una vida.

En aquel entonces, habíamos visto respuestas a todas menos una de las peticiones más importantes. Esa era de una joven a quien llamaré Julia. No había recibido una respuesta a su persistente petición de oración de que pudiera tener un hijo. Cada vez que se reunía el grupo, orábamos por Julia que pudiera quedar embarazada o que pudiera adoptar un niño. Orábamos cada vez que iba a un examen, y en cuanto a todas las posibles soluciones médicas, y por cada aplicación a una agencia de adopciones, pero nunca vimos una respuesta. Durante nuestra última reunión, nos sentíamos tristes de que esta oración no recibiera respuesta, en especial con todo el mundo que contaba las gloriosas respuestas a *sus* oraciones.

Después de eso, no vi a Julia por un tiempo porque la iglesia había crecido tanto que ahora teníamos varios cultos. Ella y su esposo asistían a un servicio diferente al nuestro. Bastante más de dos años después, recibí una llamada telefónica de ella diciéndome que al fin habían logrado adoptar un niño. Yo estaba encantada más allá de las palabras.

«Dios, tú eres muy bueno. Gracias por contestar esa oración», dije.

Julia y su esposo se mudaron a otro lugar no mucho después de eso. Sin embargo, varios años más tarde me llamó de nuevo para decirme que había quedado embarazada y que había tenido un niño. En algún lugar del mundo, esos dos niños tienen más de setenta tíos y tías espirituales que están agradecidos de que Dios fuera fiel para contestar las oraciones. Esa respuesta postergada nos enseñó a todos que el tiempo de Dios es perfecto y que debemos ser fieles en continuar orando y no desanimarnos durante la espera.

Guiar ese grupo hogareño llegó a ser tan gratificante y transformador de vida como lo fue de retador. Algunos de los tiempos más memorables, positivos y tiernos de mi andar cristiano fueron como resultado de ser líderes de grupos hogareños. Nos hizo crecer en las cosas del Señor con más rapidez de lo que hubiera sucedido de otra forma. El saber que setenta y tres personas se dirigían a nosotros en busca de ayuda en tantas esferas cruciales nos mantuvo a Michael y a mí sobre nuestras rodillas y afianzados con firmeza en las cosas de Dios. Desde lo más profundo, siempre fuimos conscientes de que sin la capacitación de Dios y su gracia, no lo habríamos logrado.

En cuanto a quiénes se benefician de un grupo de oración hogareño, la respuesta es todos. Esta clase de grupos nos dan la oportunidad de tener una relación cercana con personas que aman al Señor y creen lo mismo que nosotros. Nos proporcionan personas llenas de fe a las que podemos recurrir en tiempos de necesidad. Nos hacen sentir amados y apoyados, y nos brindan la oportunidad de manifestar el amor de Dios a otras personas de forma regular. Llegar a conocer a la gente mediante las peticiones de oración que hacen que se forme un vínculo entre ustedes que nunca se va a romper.

Donde dos o tres se reúnen

Después que terminó el grupo de oración en nuestro hogar, fuimos miembros de otros grupos hogareños dirigidos por otras personas. Eran muy buenos, pero no tenían el tiempo de oración adicional que tuvimos nosotros y yo lo extrañaba mucho. Así que me puse en contacto con otras cinco mujeres y organicé un grupo de oración por correo. Debido a que todas vivíamos lejos las unas de las otras y teníamos bebés, nadie tenía tiempo para venir a mi casa y orar por tres horas mientras cuidaban a sus hijos.

La manera que trabajaba era que una vez a la semana enviaba por correo mis peticiones de oración a las cinco mujeres e incluía un sobre en blanco con estampilla. Ellas llenaban sus propias peticiones de oración y me las enviaban de vuelta. Entonces yo hacía copias de sus peticiones y se las enviaba a las otras cinco mujeres. Nos comprometíamos a orar las unas por las otras durante todo el mes, lo que quería decir que cada día había por lo menos una o más personas orando por nosotras. Aunque era mucho trabajo para mí, esto funcionó bien durante un tiempo.

Mirando hacia atrás, ese método ahora me parece primitivo, aunque en aquel entonces era innovador. Nos beneficiábamos de orar las unas por las otras, pero era un grupo de oración que nunca se reunía. Yo extrañaba el contacto personal. Siempre podía sentir el poder de Dios moviéndose cuando oraba con otras personas y quería hacer eso de nuevo de forma regular. Teníamos un grupo de personas que se reunían en nuestro hogar para orar, pero este era un grupo de afinidad, es decir, que cada persona del grupo tenía la misma ocupación. (Hablaré más de esto después en este capítulo). Una vez al mes no era suficiente para mí.

Cuando nuestra familia pudo mudarse más cerca de la iglesia y mis dos hijos iban a la escuela, Dios me habló con claridad al corazón de que debía organizar un grupo de oración semanal de mujeres en mi hogar. Había comenzado a escribir libros y a dar algunas conferencias, y sabía que no podía mantener ninguna clase de ministerio público sin el apoyo de un grupo de oración así detrás de mí. Me asustaba un poco pedírselo a las personas porque no estaba segura de si a alguien le interesara venir. Debería haber sabido que si Dios lo llama a uno a hacer algo, Él es fiel para proveer lo que se necesita o a quienes se necesita para llevarlo a cabo.

Oré por este grupo durante dos meses antes de pedirle a nadie que se uniera porque no quería cometer un error. Sabía por experiencia, desde la vez que mi esposo y yo fuimos los líderes de un grupo de oración hogareño, que en realidad uno no conoce a nadie hasta que participa en un grupo de oración con ellos. El verdadero carácter de una persona sale a flote cuando las paredes caen y sale la verdad. Es por eso que debía existir un cierto nivel de compatibilidad y confianza entre los miembros de un grupo de oración semanal. Es de suma importancia que nadie en el grupo viole el aspecto confidencial de expresar las peticiones. Si alguien les repite a otras personas lo que otro dice en confianza, o si hay alguien en el grupo que disgusta a los demás, a la gente no le va a gustar asistir y al final dejarán de hacerlo.

A medida que oraba por las diferentes mujeres que Dios había puesto en mi corazón, esperé hasta que sentí paz antes de pedírselo. Sabía que no tendría el valor de pedírselo a esas mujeres si no estaba segura de que Dios me había instruido con claridad a hacerlo. Le pedí a cada mujer que se comprometiera a asistir por un año, lo cual era suficiente tiempo como para que algo se lograra a través de la continua oración sobre los asuntos y luego darle tiempo a Dios para que contestara. También daba un tiempo límite de cesación para cualquiera que necesitara dejar el grupo por cualquier razón. Podrían realizar un cambio sin sentirse apenadas ni molestas.

Dios trajo a las mujeres perfectas para formar parte de ese grupo. Al igual que en nuestro grupo de oración original de los viernes por la noche, también las personas de este grupo tenían necesidades apremiantes. Eran mujeres que estaban entregadas desde lo más profundo a Dios, llenas de fe, cimentadas en la Palabra y cuyas vidas estaban en orden, aunque tenían luchas con sus matrimonios, hijos, salud, emociones, trabajo y finanzas tal como cualquier otra persona. Cada una tenía un pasado del que querían liberación y un futuro al cual avanzar. A medida que fuimos por este viaje de fe de orar con fidelidad todas las semanas, vimos a Dios contestando oración tras oración, tras oración. Y cada una de nuestras vidas cambió.

Al final de cada año, les pedía a las mujeres que oraran sobre si iban a estar en el grupo el año siguiente. Muy pocas se fueron del grupo, pero si alguna se iba, le pedía al Señor que me mostrara a quién debería pedirle que la sustituyera. Cuando Dios me mostraba a alguien, primero le pedía al resto del grupo que también orara por dicha persona. Si todas teníamos paz, yo le hablaba para que fuera parte del grupo.

Durante los últimos veinte años, siempre he tenido un grupo de oración en mi hogar. Los rostros han cambiado muchas veces porque la gente se muda a otro lugar o *yo* me mudo a otro lugar, pero el efecto siempre ha sido dinámico sin importar quién estuviera en el grupo. Sé que no hubiera podido escribir los libros que he escrito, ni que se hubieran traducido a quince idiomas, ni que los leyeran por todo el mundo, si no hubiera sido por las oraciones de mis compañeras de oración. Dios ha hecho cosas asombrosas en respuesta a las oraciones de personas fieles.

Por qué encontramos fortaleza en la unidad

Cuando el pastor Jack era adolescente, escuchó a una misionera contar cómo ella había estado atrapada con algunas personas en el lecho seco de un río cuando llegó una inundación repentina. Las personas de inmediato unieron sus manos y soportaron el peligro fortaleciéndose entre sí. Cuando se unieron contra el torrente de aguas, se salvaron sus vidas.

Esto es justo lo que hace un grupo de oración. Las personas se unen para ponerse de pie con firmeza contra cosas que buscan arrasar sus vidas y destruirlas. La Biblia dice que en lugar de estar ansiosos por nuestras vidas, debemos orar por ellas (Filipenses 4:6-7). Y cuando nos encontramos en circunstancias serias, debemos estar firmes junto a otros creyentes orando los unos por los otros.

Una de las primeras cosas que aprendí al ser líder de grupos de oración fue la necesidad de unidad. Jesús dijo que «si dos de ustedes en la tierra se ponen de acuerdo sobre cualquier cosa que pidan, les será concedida por mi Padre que está en el cielo» (Mateo 18:19). La expresión *de acuerdo* es muy importante. Unidad en griego es *sumfonéo*. De allí viene la palabra «sinfonía». Para tener armonía, hay varias cosas sobre las cuales tenemos que estar de acuerdo.

En primer lugar, necesitamos estar de acuerdo en lo básico, como que Jesús «es el camino, la verdad y la vida. Nadie llega al Padre sino por mí» (Juan 14:6). Debemos también estar de acuerdo en que la Biblia es infalible y es inspirada por Dios, que Jesús nació de una virgen y que vivió una vida sin pecado, que murió por nuestros pecados y que resucitó de los muertos, y que todos los que creen en Él tendrán vida eterna.

«Estos son los elementos esenciales de nuestro pacto dado por Dios, los cuales son nuestras bases para la oración», dijo el pastor Jack. «Son las palabras de Dios de promesa segura, el Hijo de Dios de poder soberano y la provisión de la salvación. Es necesario que creamos en estas cosas a fin de venir juntos en unidad».

No es necesario que estemos de acuerdo en todos los pequeños detalles de nuestra creencia, pero es crucial que estemos de
acuerdo en ciertas verdades fundamentales, de otra manera no
nos paramos en la misma base. «¿Pueden dos caminar juntos sin
antes ponerse de acuerdo?» (Amós 3:3). La respuesta es «No».
Debemos estar de acuerdo sobre *a quién* es exactamente que
oramos, y que su Palabra no solo invita a que oremos, sino que
también promete respuestas.

Luego es muy importante que estemos de acuerdo en *sobre
qué* oramos. Dios quiere que vivamos «en armonía los unos con
los otros» (Romanos 12:16), es decir, que estemos de acuerdo
en los motivos por los que oramos. Descubrí que una de las
cosas más difíciles sobre guiar un grupo de oración era conseguir que la gente formulara sus peticiones con claridad y que las
alineara con la voluntad de Dios. Cuando las peticiones de
alguien eran vagas, inciertas o un poco fuera de base, la otra gente no sabía cómo orar.

Por ejemplo, dos hermanas estaban orando por su anciano
padre que le aquejaba una enfermedad dolorosa y mortal. Una
quería orar por sanidad completa y la otra quería orar por liberación para estar con el Señor y que no sufriera más. Con ambas
orando por cosas diferentes, no fueron capaces de llegar a un
punto de unidad. Sin embargo, luego oraron: «Señor, que tu
perfecta voluntad se haga en la vida de mi padre. Si es tu voluntad sanarlo, sánalo por completo, y quita el dolor y el sufrimiento. Si tu voluntad es llevarlo para estar contigo, quita todo el
sufrimiento y dale paz y un profundo sentido de tu presencia».

Ante todo, es importante determinar con exactitud *cómo*
quiere orar para que el grupo esté en unidad.

En el grupo de parejas que mi esposo y yo liderábamos, un
joven actor, a quien llamaré Jasón, le pidió al grupo que orara

para que consiguiera un trabajo en particular en una obra de teatro muy grande que se iba a presentar en la ciudad de Los Ángeles. Había hecho una prueba, y después de varias pruebas más, era uno de los dos finalistas llamado a hacer una prueba final. Él le pidió al grupo que orara a fin de que consiguiera el papel. Lo que en realidad oramos fue que consiguiera el papel *si era la voluntad de Dios*. No obstante, si no lo era, que Dios trajera algo aun mejor a su vida.

No creo que Jasón escuchara la parte de la *voluntad de Dios* en la oración porque, cuando no consiguió el papel, se amargó. Se enojó con Dios y se fue de la iglesia, del grupo de oración y al final dejó a su esposa. Era obvio que su andar con Dios no estaba construido sobre una base firme, y tal vez esa fuera una de las razones por la que Dios no respondió la oración de la manera que Jasón quería que la respondiera. Dios nos da ciertas bendiciones solo cuando nuestros corazones están limpios y podemos enfrentar las bendiciones como es debido.

El error que cometimos como líderes fue permitir que el grupo orara sin primero haber hecho que *él* estuviera de acuerdo con nosotros. Jasón debía haber estado de acuerdo en que lo más importante era que se hiciera la voluntad de Dios. El Señor nos invita a que pidamos por los deseos de nuestro corazón, pero esos deseos no deben estar en conflicto con los deseos de *su* corazón y *su* voluntad para nuestras vidas. Si lo están, debemos dejarlos ir. La voluntad de Dios debe ser el deseo supremo de nuestro corazón en todo lo que hacemos.

Si pudiera hacer todo eso de nuevo, le diría a Jasón: «Dios te ama tanto que Él quiere lo mejor para ti. Aun así, Él hace las cosas en nuestras vidas a *su* manera y quiere saber que lo amamos lo suficiente como para someternos a su voluntad. Cuando pedimos el deseo de nuestro corazón, por sobre todas las cosas debemos pedir que se realicen los deseos del corazón *de Dios*. Y debemos estar preparados para un sí o un no como respuesta y confiar que cualquiera que sea, es la voluntad de Dios para nuestra vida. Si la respuesta es "no" a algo que queremos, es porque Dios tiene algo mejor para nosotros».

Después de eso, cuando alguien en uno de mis grupos de oración comenta su situación sin declarar con claridad cuál es su petición, le pregunto: «¿Cómo quieres que oremos por esto?». Aun si *yo* creo que es obvio cómo orar por eso, es importante que declaren con franqueza qué *quieren* en respuesta a la fe. Y es importante para el resto del grupo estar en sintonía con la dirección en que debería ir la oración. Si otro de los presentes o yo sentimos que piden mal, haremos sugerencias sobre cómo orar mejor.

La importancia de orar en unidad no se puede enfatizar demasiado como un gran factor que contribuya a ver respuestas a nuestras oraciones. Hay poder en la unidad porque Dios fortalece nuestra fe a medida que une nuestros corazones en unanimidad.

Cuándo los grupos afines son eficaces

El pastor Jack nos animó a todos los que participábamos en ministerios públicos a formar parte de un grupo de afinidad. Estos son grupos en los que sus miembros tienen algo importante en común, casi siempre su trabajo. Por ejemplo, nosotros éramos parte de un grupo cuyos miembros tenían un ministerio a nivel mundial en la industria de los entretenimientos. Había otro grupo en el cual todos tenían ministerios cristianos a nivel nacional. Estas clases de grupos son muy buenos porque hay ciertas experiencias, problemas, necesidades y desafíos comunes que se benefician del apoyo en oración de gente que entiende su situación.

El principal objetivo del pastor Jack para alentar este tipo de grupo era fortalecer cada uno de los matrimonios y nuestro caminar personal con Dios. Quería que las personas en ministerios públicos tuvieran conexiones sólidas con grupos de rendición de cuentas de modo que lográramos permanecer fuertes en el Señor. Esto era sobre todo eficaz para quienes éramos viajeros nacionales e internacionales, con el fin de que no estuviéramos flotando por allí, apartados de otros creyentes fuertes. Estos grupos nos ayudaron a sentirnos conectados, fortalecidos y unidos.

Nunca voy a olvidar una reunión en particular de nuestro grupo de afinidad. Tanto los hombres como las mujeres estábamos en la misma habitación diciendo sus peticiones cuando un hombre, que hacía bastante tiempo que conocíamos, dijo: «Esta ha sido la peor semana de toda mi vida». Nos contó cómo él y su esposa habían estado teniendo problemas financieros serios debido a contratiempos en su trabajo y habían llegado a un punto de crisis. Ninguno de nosotros en el grupo habría sospechado que nada andaba mal si no hubiera sido por lo que hablara en el grupo aquella noche.

Nos reunimos alrededor del hombre y su esposa y oramos para que Dios abriera puertas de modo que él encontrara trabajo, y todos ofrecieron ayudarle de cualquier forma posible. Oramos para que Dios les revelara su perfecta voluntad a él y a su esposa.

Durante todo el mes antes de nuestra próxima reunión, a esta pareja le fue evidente que Dios lo llamaba a él para dejar todo lo que hacía y ser pastor. Eso es exactamente lo que hizo y todavía es pastor hoy. Si nuestro grupo no hubiera orado por él de la forma poderosa que lo hicimos aquella noche, no creo que él hubiera discernido la dirección del Espíritu Santo con tanta rapidez. Es posible que hubiera estado sin saber qué hacer por algún tiempo, tal vez llevando a la familia a la bancarrota antes de darse cuenta de lo que era la voluntad de Dios para ellos.

No debemos desestimar el poder de la oración en grupo para fortalecer y aclarar el camino por el cual debemos viajar y luego capacitarnos para caminar por él. Hubiera sido muy difícil para ese hombre dejar una carrera en la que había tenido éxito si no hubiera recibido la fortaleza y la claridad que Dios le dio la noche en que todos oramos.

En la iglesia a la que ahora asistimos mi esposo y yo en Tennessee, también se anima a la gente a que participe en grupos de afinidad. Nuestro pastor, Rice Broocks, anima a las personas a que los inicien en sus lugares de trabajo o en cualquier lugar que su esfera de influencia los haga posibles. Hay un grupo de doctores que se reúnen una vez a la semana en el hospital donde trabajan. Hay jugadores de fútbol, hombres de negocio y músicos que se reúnen una vez a la semana para orar. En lo personal, conozco a muchos grupos de madres que se reúnen, matrimonios que oran, estudiantes que se reúnen para orar en forma regular en los dormitorios de su universidad. Inclusive conozco un grupo que se llama «Músicos viejos con esposas en la menopausia». ¡Todo es posible! (Me alegro de que no nos pidieran que *nos* uniéramos a ese grupo). Cualquier grupo de tres o más personas que tengan algo importante en común puede convertirse en esta clase de grupo de oración y de rendir cuentas.

Lo mejor en cuanto a estar en un grupo de afinidad es que a menudo es más fácil encontrar la oportunidad de orar juntos. Las personas involucradas tienen lugares comunes para reunirse en el trabajo o en un lugar conveniente cercano. Las cosas que tienen en común les hacen más fácil contar preocupaciones y necesidades sin tener que explicarlas con tanto lujo de detalles. Entienden los asuntos que enfrentan las personas del grupo. Al igual que los grupos hogareños, los de afinidad les permiten a las personas hablar de maneras que de otra forma tal vez no lo harían.

Otra cosa muy buena de un grupo de afinidad es que es más fácil invitar a un inconverso a que asista a él. Por ejemplo, es posible que un doctor esté más dispuesto a asistir a un grupo de oración de doctores que aceptar una invitación de asistir a la iglesia. En ese aspecto, estos grupos son herramientas evangelísticas muy eficaces. Infinidad de personas que se invitan a estos grupos reciben al Señor en ellos.

El *desafío* de estar en un grupo afín es que *puede* transformarse en lo que quizá parezca un club exclusivo del cual se excluyen a otras personas. O *se puede* convertir en un grupo tipo red para conseguir trabajo en lugar de un grupo de oración y de rendir cuentas. Sin embargo, esto tal vez suceda con cualquier tipo de grupo. Es responsabilidad del líder ver que no suceda.

Lo que debe saber cuando comienza un grupo de oración

¿Le gustaría estar en un grupo de oración? Si es así, va a recibir grandes bendiciones en el futuro. Los grupos de oración enriquecen su vida y la hacen prosperar al conectarlo con personas de una manera profunda y significativa. Son una fuente continua de ministerio *para* usted y una oportunidad para que Dios obre *a través* de usted. Lo pueden ayudar a crecer y moverse a los planes y propósitos que Dios tiene para usted.

La manera de encontrar un grupo de oración es orando primero por eso. Pídale a Dios que lo ayude a encontrar a las personas apropiadas. Luego formule preguntas sobre los grupos que se reúnen y oran. Si algunos de los grupos por los que pregunta no tienen lugar para nadie más, no lo tome como un rechazo. Los grupos de este tipo se llenan con mucha rapidez.

A medida que formula preguntas, es posible que encuentre a otras personas que les interese comenzar un grupo con usted. Tal vez Dios le esté pidiendo que comience un grupo. No se ponga nervioso por esto. Yo tampoco sabía lo que hacía cuando comencé. Todo lo que tenía era el deseo de hacerlo y la dirección del Señor. Esas dos cosas vinieron de mi tiempo personal de oración con el Señor. Usted también tiene acceso a esa instrucción en *su* tiempo personal de oración. No tema ir delante de Dios y decirle: «Señor, ¿quieres que forme un grupo de oración?». Luego espere la respuesta de Dios. Él va a imprimir algo en su corazón. Recuerde, para formar un grupo se requieren dos personas más y usted. Continúe orando y concédale tiempo a Dios. Va a suceder.

Si quiere comenzar su propio grupo de oración, he aquí unas pocas cosas que debe decidir primero.

Decida dónde puede tener el grupo. ¿Puede tener el grupo en su casa o apartamento, o donde trabaja o va a estudiar? Mi esposo estaba en un grupo de oración en el que cuatro o cinco hombres se reunían en un restaurante y decían sus peticiones mientras desayunaban y oraban allí mismo alrededor de la mesa. Sea creativo.

Decida cuántas personas quiere que estén en el grupo. Más gente puede aumentar el potencial de oración, pero quizá sea molesto que haya demasiada gente porque no se cuenta con el tiempo suficiente para que cada persona diga su motivo y se ore como es debido. He descubierto que no debería haber más de siete personas y cinco es en realidad un número que se maneja mucho mejor. He tenido un grupo de oración de tres personas y funcionó muy bien porque las tres eran muy consagradas y fieles.

Decida la frecuencia con que se quieren reunir. ¿Será una vez a la semana? ¿Una vez cada dos semanas? ¿Una vez al mes? ¿Será un día entre semana o un fin de semana? ¿Será por la mañana, la tarde o de noche? ¿Por cuánto tiempo les pedirá a las personas que se comprometan? ¿Tres meses? ¿Seis meses? ¿Nueve meses? ¿Un año? El pastor Jack y Lloyd Ogilvie, quien en esa época era el pastor de la iglesia Hollywood Presbyterian antes de llegar a ser el Capellán del Senado de Los Estados Unidos, eran compañeros regulares de oración. Aun con sus horarios tan ocupados como los pastores de congregaciones muy grandes, todavía encontraban tiempo para orar juntos durante dos horas unas cuatro o cinco veces al año. Se comunicaban lo que había en sus corazones con total transparencia sobre las cargas y los desafíos que cada uno enfrentaba. También organizaron grupos de oración grandes que se reunían varias veces al año. Vieron la importancia de orar juntos e hicieron tiempo para eso en sus horarios.

Decida cuánto va a durar la reunión. El tiempo máximo debería ser de dos horas y media a tres horas. Más tiempo es extenuante. Algunas personas solo disponen de una hora y puede hacerse si el grupo tiene solo tres o cuatro miembros. Lo que sea, trate de mantener el tiempo límite de forma tan estricta como sea posible. Ayuda para que la gente haga planes y es más probable que asistan con regularidad si es consecuente en cuanto al tiempo.

Decida quiénes van a estar en el grupo. Recuerde, este es el grupo de oración *de Dios*, así que solo Él sabe quiénes serán los mejores compañeros de oración. Pídale que se lo muestre. Y dele a las personas la libertad de decir no cuando les pide que se unan a su grupo. Este es un gran compromiso y no todo el mundo lo puede hacer. Por lo general, yo les doy a las personas una semana o dos para que oren sobre eso antes de darme una respuesta. Si alguien le dice no, eso no significa que hay algo malo en usted o en su idea; solo quiere decir que la persona no es la adecuada para el grupo o que aún no está preparada.

Si va a comenzar un grupo de oración propio, he aquí siete pautas útiles para mantener el grupo marchando en forma afable. He aprendido esas cosas a la mala a fin de que usted no tenga que pasar por eso ahora.

1. Tenga un plan.

No es preciso que se mantengan de forma *estricta* dentro de su plan si necesita alterarlo, pero hace falta tener un plan para comenzar. Permite que las otras personas del grupo se sientan más seguras porque saben qué esperar. Por ejemplo, al comienzo de cada grupo de oración, leo la Biblia durante unos tres minutos para que los corazones de las personas estén en sintonía y piensen en lo mismo. Luego todas nos arrodillamos y entonamos cantos de adoración y alabanza y hablamos palabras de alabanza por unos veinte minutos.

Cuando terminamos el tiempo de alabanza, nos sentamos y comenzamos con la persona que le toca ir primero. La manera en que determino esto es poniendo los apellidos en orden alfabético y comenzando con una persona diferente cada semana, pero siguiendo el orden alfabético a partir de allí. Eso quiere decir que la persona que fue la última esta semana será la primera la semana que viene. Esto permite que no siempre sea la misma persona la última y le ahorra al grupo unos diez minutos tratando de decidir quién debe ir primero.

2. Elija cánticos de adoración y alabanza que conozca todo el mundo.

No tendrá mucho tiempo para la alabanza y todos deben poder participar en ella enseguida. También la gente se siente más cohibida cantando en un grupo pequeño y no quieren que sus voces sobresalgan en caso de que cometan un error. Por lo general, comienzo dirigiendo con un himno al principio y les digo a las personas del grupo que comiencen a cantar cualquier himno de adoración que tengan en el corazón según se sientan guiadas. Es del todo espontáneo y de esa manera nadie tiene que prepararse para un culto de adoración. Algunas mujeres siempre dirigen, otras no lo hacen nunca. Ya sea que lo hagan o no, no tiene importancia. Toda la gente se debería sentir cómoda de cualquiera de las dos maneras. Si nadie en el grupo siente que puede cantar o dirigir un coro, consígase un casete o disco compacto que tenga himnos de alabanza y que le guste cantar con esa música.

Una vez que lo hace, es fácil pasar mucho tiempo en la alabanza, así que como líder, siempre tiene que mantener la vista en el tiempo. Un tiempo de alabanza es muy importante porque Dios habita en medio de las alabanzas y ustedes están invitando su presencia para que suavice sus corazones a fin de que reciban de Él. Prepara sus corazones para el siguiente tiempo de oración.

3. Anime a las personas del grupo a que tengan sus peticiones preparadas antes del tiempo de oración.

Debido a que el tiempo es limitado, y que es fácil pasarse del tiempo asignado para cada cosa en un grupo como este, anime a sus miembros a que traigan sus peticiones escritas en un papel *antes* de venir. De esa manera las peticiones se aclaran en sus mentes lo suficiente como para expresarlas con claridad a los demás. Es posible que tome varios minutos para que alguien decida cuáles son sus peticiones de oración si no lo han pensado con antelación.

4. No permita que la gente pase más tiempo diciendo sus peticiones que orando por ellas.

Si alguien pasa veinticinco minutos hablando de sus peticiones y se permiten cinco minutos para orar, no emplean el tiempo como es debido. El tiempo de oración debería ser igual, si no mayor, al tiempo de hacer la petición. Cuando tenía cinco mujeres en mi grupo, cada una tenía treinta minutos. Esto quiere decir que cada una tenía unos diez minutos para decir sus necesidades y veinte minutos para que oráramos por ellas. Hay un poder enorme cuando cinco personas oran por una persona, así que usted quiere darles tiempo a todos para que aprovechen esta oportunidad única.

5. Enfatice la importancia de la confiabilidad.

Recálqueles a los miembros del grupo la importancia de no estar discutiendo las peticiones de oración de las otras personas, o ningún detalle de lo que se comenta en el grupo, con nadie *fuera* del grupo. Uno creería que la gente seguiría esta pauta por simple decencia o por respeto y amor hacia la persona. Sin embargo, es lamentable que no todo el mundo lo haga. Se sorprendería de las formas que parecen inocentes en las cuales la gente puede justificar los chismes. Traicionar la confianza puede destruir a un grupo de oración con mucha más rapidez que ninguna otra cosa.

Es por eso que debe pesar con cuidado el factor confianza cuando les pide a las personas que formen parte de un grupo de oración. No se trata de guardar secretos, se trata de madurez. Es acerca de no hacerles a los demás lo que no quiere que le hagan a uno. Sin duda, no quiere orar con alguien que va a chismear los detalles íntimos de su vida. En todos los años que he tenido compañeras de oración, solo ha habido unos dos incidentes cuando alguien escuchó los detalles íntimos de una petición de oración y luego los repitió a otras personas fuera del grupo. En cada caso, paré de inmediato al grupo. Me afligió que alguien que escuchara sobre el dolor de una persona la hiriera aun más profundo al traicionar su confianza.

6. No permita que una persona domine al resto del grupo.

Siempre va a haber personas que hablen más que otras, así que tenga cuidado de no dejar a las que hablan más o que tengan mayores necesidades que tomen más del tiempo que se les asigna. Si lo hacen, va a impedir que otros presenten sus peticiones y que se ore por ellos como es debido. Y por lo general, las personas que son calladas no van a reclamar ni exigir igualdad en el tiempo. Van a sufrir en silencio y al final dejarán de asistir. Le corresponde a usted, el líder, estar atento en cuanto a esto y asegurarse de que no suceda. De ahí que es bueno mantener un reloj a la vista y hacer continuar las cosas cuando alguien ha llegado a su tiempo límite. Adviértales por adelantado que va a hacerlo. Este es un asunto muy importante porque, si el factor tiempo se sale de control, tal vez las personas se vayan de su grupo de oración debido a eso.

7. No hable de otras personas.

La única vez que una persona debería hablar u orar por otras personas que no forman parte del grupo es si esas personas pertenecen de forma directa a su vida. Es decir, si otra persona está afectando su vida de manera adversa y necesita oración por esa situación específica. Es de suma importancia que estos grupos no se conviertan en fiestas de chismes. Este no es un ambiente en el cual alguien debería presentar los problemas matrimoniales de otra persona, a menos que esa otra persona le haya pedido de manera específica que el grupo ore por esa necesidad. Sea sabio. Hay gran potencial para que exista dolor en todos lados si este asunto no se trata como es debido.

༄ ༄ ༄

Muchas de mis compañeras de oración me han dicho que una de las mejores cosas de pertenecer a nuestro grupo era la de tener la oportunidad de orar con regularidad por algo durante el tiempo que fuera necesario. En otras palabras, descubrieron el valor de continuar perseverando en la oración hasta que veían respuestas. Cuando oramos solos, a veces nos desalentamos y dejamos de orar demasiado pronto. También orar juntos nos obliga a poner en palabras nuestras necesidades de oración y nos enseña a permitir que otras personas compartan nuestras cargas. Ganamos fortaleza, aliento y fe cada vez que escuchamos a otros orar por nosotros, y la oración colectiva abre un flujo maravilloso de bendiciones de Dios en nuestra vida.

En todos mis grupos de oración hubo personas que hablaban desde lo más profundo y recóndito de su alma. Exponían la conmovedora desnudez de sus dolores y necesidades más profundas y solo permitían que lo supieran los corazones en los que más confiaban. Estas eran personas que se pararon a mi lado cuando yo necesité hacer lo mismo. Como grupo, nos alentábamos los unos a los otros a no rendirnos cuando parecía que nunca llegaría la respuesta. Son personas que sé que puedo llamar para que oren o me ayuden en un instante y que allí estarán, sin importar el tiempo que haga que no los vea. Y estas personas saben que yo estaré allí para ellas de la misma forma. Hay un vínculo de amor entre nosotros que es eterno.

La verdad es que siempre ama a las personas por las que ora. Eso se debe a que desarrolla el corazón de amor de Dios hacia ellas. No deje pasar de lado la oportunidad de experimentarlo.

El poder de la oración

Señor, te pido que me ayudes a encontrar un grupo de creyentes fuertes con los que pueda orar con regularidad. Guíame a personas que tengan su fundamento construido de manera sólida en la Palabra de Dios y que tengan una fe fuerte que crea en las respuestas a sus oraciones. Muéstrame si debo liderar tal grupo. Si es así, prepárame para hacerlo bien. Dime cuándo debería ser y a quiénes debería invitar para que formen parte de él. Guíame a personas que sean capaces de hacer esa clase de compromiso y que sean consecuentes. Que este grupo de oración sea una experiencia positiva y que cambie las vidas de todas las personas que formen parte de él

Cada vez que ore con otros en un grupo, ayúdanos a llegar a un lugar de completa unidad los unos con los otros. Que siempre estemos unánimes para que nuestras oraciones sean poderosas. Ayúdanos a someternos los unos a los otros en el temor de Dios (Efesios 5:21). Ayúdanos a caminar de acuerdo a lo que ya hemos alcanzado y a tener todos el mismo sentir (Filipenses 3:16). Ayúdanos a seguir firmes «en un mismo propósito, luchando unánimes por la fe del evangelio» (Filipenses 1:27). Que las palabras del apóstol Pablo sean verdad en nuestras vidas: «Ámense los unos a los otros con amor fraternal, respetándose y honrándose mutuamente. Nunca dejen de ser diligentes; antes bien, sirvan al Señor con el fervor que da el Espíritu. Alégrense en la esperanza, muestren paciencia en el sufrimiento, perseveren en la oración» (Romanos 12:10-12).

Enséñame a orar con eficacia por otras personas. Siempre quiero orar bajo tu clara dirección y guía. Cuando oro, dame gran fe para creer en las respuestas. Sé que sin fe es imposible agradarte (Hebreos 11:6) y yo quiero agradarte más que a nadie. Ayúdame a ser la clase de persona que, al unirse a otros, puede resistir el ataque furioso del enemigo cuando viene sobre nuestras vidas como una inundación torrencial. Que mi fe sea tan fuerte que haga aumentar la fe en otros y los anime a permanecer firmes. Oro en el nombre de Jesús.

೧ ೧ ೧

El poder de la Palabra

Vivan en armonía los unos con los otros.
No sean arrogantes, sino háganse solidarios con los
humildes. No se crean los únicos que saben.

ROMANOS 12:16

Confiésense unos a otros sus pecados,
y oren unos por otros, para que sean sanados.
La oración del justo es poderosa y eficaz.

SANTIAGO 5:16

Por tanto, si sienten algún estímulo en su unión con
Cristo, algún consuelo en su amor, algún compañerismo en
el Espíritu, algún afecto entrañable, llénenme de alegría
teniendo un mismo parecer, un mismo amor,
unidos en alma y pensamiento. No hagan nada por
egoísmo o vanidad; más bien, con humildad consideren
a los demás como superiores a ustedes mismos.
Cada uno debe velar no solo por sus propios intereses
sino también por los intereses de los demás.

FILIPENSES 2:1-4

Por eso yo, que estoy preso por la causa del Señor,
les ruego que vivan de una manera digna del llamamiento
que han recibido, siempre humildes y amables,
pacientes, tolerantes unos con otros en amor.
Esfuércense por mantener la unidad del
Espíritu mediante el vínculo de la paz.

EFESIOS 4:1-3

Sin fe es imposible agradar a Dios, ya que cualquiera
que se acerca a Dios tiene que creer que él existe y
que recompensa a quienes lo buscan.

HEBREOS 11:6

Cinco

El poder
de una iglesia
que ora

Durante la duración de mi primer embarazo, sufría de dolor debilitante y de náuseas. Aunque el doctor me dijo que no era probable que tuviera el mismo problema de nuevo, mi segundo embarazo fue aun peor. El dolor y las náuseas eran tan intensos, que no pude comer casi nada durante meses, y me tuvieron que hospitalizar y alimentarme por vía intravenosa. Cuando al final las venas no aguantaron más, el doctor me envió a casa, diciendo que no había nada más que hacer. Me dieron de alta del hospital un domingo, en el séptimo mes de embarazo, más enferma y débil que nunca.

A través de los que parecieron meses sin fin de lucha, muchas personas oraron por mí y algunas hasta vinieron al hospital para hacerlo. El sábado anterior al día que me dieron de alta, el pastor Jack me visitó en el hospital y también oró por mí. Sabía que las oraciones de toda esa gente fiel me habían sostenido a mí y al bebé durante todo ese tiempo, pero todavía me sentía desalentada en cuanto al futuro porque no mejoraba.

Cuando llegué a mi hogar aquel domingo, mi esposo me ayudó a acostarme en la cama que estuve durante meses. Nuestros

127

íntimos amigos, Bob y Sally, llegaron al poco rato para preparar la cena de las dos familias. Todos sabían que no comería con ellos.

A eso de las seis y media esa tarde, estaba acostada en la cama, escuchando a la gente hablar en la cocina mientras terminaban de cenar. Por meses, me había sentido demasiado enferma como para leer o mirar la televisión, así que lo único que hacía era yacer quieta en agonía y pensar con anhelo en las cosas que solía dar por sentadas, como sentarme a comer a la mesa con amigos.

De pronto, sentí la más extraña sensación. Era la ausencia completa de todo el dolor y las náuseas. Me quedé allí, acostada durante unos pocos minutos, apenas respirando y esperando que todo volviera de nuevo. Cuando no volvió, me senté en la cama y esperé un poco más. Casi no daba crédito a que no habían vuelto. Retiré la ropa de cama y poco a poco me senté en el borde de la cama con los pies en el suelo y esperé unos pocos minutos más. Cuando nada cambió, me puse de pie y con cuidado caminé hasta el baño junto a mi dormitorio y me miré al espejo. Me impactó ver lo delgada, frágil, demacrada y pálida que estaba. Sin embargo, todavía no sentía ni náusea ni dolor.

Caminé con cuidado hasta la cama y me senté de nuevo, como si cualquier movimiento repentino trajera todo de nuevo. Debo de haber estado allí unos cinco minutos hasta que tuve el valor suficiente para salir del dormitorio, ir por el pasillo hasta llegar a la sala donde mi esposo estaba recostado en un sofá viendo la televisión.

—¿Qué haces levantada? —me preguntó irguiéndose en el sofá sin creer lo que veía.

—No sé lo que ha pasado, pero me siento diferente —le respondí mientras seguía caminando hacia la cocina donde Sally terminaba de lavar los platos.

—¿Qué haces levantada? —me preguntó sorprendida. Para ese tiempo, Michael y Bob me habían seguido desde la sala.

—No sé lo que ha sucedido, pero de pronto, me siento bien por completo —les dije.

Michael sacó una de las sillas para que me sentara a la mesa mientras Sally me preguntaba:

—¿Quieres comer algo?

—Sí —le dije—. Rápido, antes de que me vuelva de nuevo.

En menos de medio minuto, me dio un pequeño tazón con peras cortadas en pedacitos y una tostada calentita y sin nada, que comí poco a poco y con cuidado. Fue la mejor comida que recordaba haber comido en meses. Es más, era la *única* comida que recordaba haber comido en meses. Logré mantenerla en el estómago y todos nos regocijamos por este respiro. Veinte minutos después regresé a la cama para descansar, lo cual necesitaba mucho, antes que volvieran el dolor y las náuseas.

Cuando desperté el lunes por la mañana, todavía me sentía bien. Hablé con Michael sobre si debía llamar al pastor Jack para decírselo. Pero decidí esperar un día más para estar segura. El martes por la mañana cuando desperté seguía sintiéndome bien, así que lo llamé y le relaté la historia completa de lo que había pasado.

—¿A qué hora fue eso el domingo por la tarde? —me preguntó.

—A eso de las seis y media —le dije.

—Esa era la misma hora en que toda la congregación estaba orando por ti en el culto del domingo por la noche —explicó con una voz llena de deleite.

—¿De veras? ¿Toda la congregación oró por mí? —pregunté asombrada. Era una congregación muy grande en aquel entonces.

—Sí, ¿nadie te lo dijo? —preguntó sorprendido—. Estaba seguro de que alguien te llamaría para decírtelo.

—No, nadie llamó —le respondí, tratando de contener las lágrimas de agradecimiento—. Muchas gracias por hacer eso, por hacer que toda esa gente orara por mí.

—¡Alabado sea Dios, esto es un milagro! —exclamó él.

—¿De veras lo cree? —le pregunté todavía vacilando en si creer que había sanado en realidad.

—¡Sí! —dijo con mucho énfasis—. ¡Sé que lo fue!

Tenía razón. A partir de ese momento, me liberé del sufrimiento. ¿Y de qué otra manera se explicaría este cambio milagroso en los hechos, excepto que fue el resultado de la oración? Sugerir que fue una simple *coincidencia*, que después de siete meses de agonía sané en el momento que la congregación oraba por mí, es absurdo. Inclusive mi doctor pensó que era algo asombroso cuando le dije lo que había pasado. Me comentó que nunca había visto una condición tan mala desaparecer con tanta rapidez. Sabía que era un milagro que sucedió como resultado de las oraciones de creyentes fieles.

Debido a esa experiencia llegué a comprender que el poder de una iglesia que ora es una fuerza formidable con posibilidades ilimitadas. Es un recurso que todavía no se ha aprovechado al máximo. Y aprovecharlo es lo que debemos hacer. Debido a que llegó el momento en que como creyentes debemos recurrir a ese recurso y aprender a orar en el poder del Espíritu Santo que nos guía y nos capacita. La *salvación* del mundo, en todo el sentido de la palabra, depende de eso. Quiera Dios ayudarnos a entender las consecuencias si no lo hacemos.

∽ ∽ ∽

Después de la crucifixión y resurrección de Jesús, un grupo de ciento veinte personas oraban juntos todos los días y se convirtieron en la primera iglesia de que se tiene constancia en el Nuevo Testamento. Sus creencias los unían y «todos, en un mismo espíritu, se dedicaban a la oración» (Hechos 1:14). La primera iglesia fue una *iglesia que oraba*.

Un poco más tarde, después del derramamiento del Espíritu Santo, se salvaron tres mil personas y también «se mantenían firmes [...] en la oración» (Hechos 2:42). Cuando algunas de esas personas le pidieron a Dios que les diera la valentía de hablar su Palabra y ver señales y milagros hechos en el nombre de Jesús, Dios les respondió con poder. «Después de haber orado, tembló el lugar en que estaban reunidos; todos fueron llenos del Espíritu Santo, y proclamaban la Palabra de Dios sin temor alguno» (Hechos 4:31). Esta primera iglesia tenía una larga reunión de oración continua, y cuando oraban, sucedían cosas.

El poder de la iglesia hoy todavía es la oración. Y nosotros, el cuerpo de Cristo, también nos podemos estremecer por la manifestación del poder de Dios. Podemos ver que se estremecen las cosas en el mundo que nos rodea si estamos dispuestos a orar con fervor y sin cesar como lo hizo la primera iglesia, reflejando también su fe y su unidad.

«Hay ciertas dinámicas a esa clase de reunión de oración que son fundamentales para que den resultado», explicó el pastor Jack. «Una de las cosas que tiene que suceder es que la gente debe llegar a una convicción sobre la vida invisible. Deben estar unidos en la creencia de que el ámbito de lo invisible es real y de que les ha dado un lugar de privilegiada autoridad y acceso a él. La mayoría de las personas sabe que deberían orar, pero muchos no creen que vaya a ser determinante. Si reconocen que existe una penetración real en el campo de lo invisible, les da valor y pueden creer con más fe. Jesús vino a cambiar las cosas, a salvar a la gente, a sanar a los enfermos, a transformar a las familias y las circunstancias, y a impactar a las naciones con un cambio de dirección moral en el alma de las personas. Y el poder de una iglesia que ora es la clave para eso».

Construya una casa para la presencia de Dios

No creo que nunca haya asistido a un culto de adoración en la iglesia en el que no haya llorado. Esto se debía a que sentía con mucha fuerza la presencia de Dios.

Una de mis cosas favoritas en cuanto al Señor es que Él promete que cuando lo adoramos, establecemos un lugar para que Él venga y more allí. ¿Qué podría ser más maravilloso que tener el Espíritu de Dios residiendo en nuestro medio? Y esto puede suceder en nuestro hogar, en nuestra iglesia, en la cumbre de una montaña, en un campo, en el mar o en todos los lugares que se encuentran entre esos. Eso se debe a que cuando adoramos a Dios, Él habita entre nuestras alabanzas (Salmo 22:3). ¿Qué otra religión puede hacer alarde de un Dios como este?

El pastor Jack nos enseñó que en la Biblia se revelan tres dimensiones de la presencia de Dios: la *omnipresencia*, la *presencia prometida* y la *presencia manifestada*.

«Siempre hay puristas que dirán que "Dios está en todas partes, así que no me hablen de la presencia de Dios", y eso es verdad», dijo él. «Está la *omnipresencia de Dios*, la cual afecta a todos porque Él está en todo lugar. Sin embargo, la Biblia deja bien claro que hay otras dos dimensiones de la presencia de Dios. La *presencia prometida de Dios*, la cual viene cuando Él nos guía, camina con nosotros y habla a nuestros corazones, y la *presencia manifiesta de Dios*, la cual se ve a nivel de grupo cuando la gente se mueve junta en un espíritu de adoración que le da la bienvenida al poder de la presencia de Dios».

La manera de construir una casa para la presencia manifiesta de Dios es mediante la adoración. Cuando la gente lo recibe con alabanza y adoración, su presencia manifiesta viene con poder. Él no va a venir en la *plenitud* de su presencia si no le damos un lugar para que more en nuestra adoración.

Cada congregación hace una elección en cuanto a qué grado quieren la presencia de Dios en su medio por la importancia que le asignan a la adoración a Dios.

Como la iglesia de Dios en este mundo, batallamos contra fuerzas del mal que quieren vernos derribados. No obstante, la Biblia promete que somos más que vencedores y que nuestra victoria es segura (Romanos 8:37). Cuando alabamos a Dios, el Espíritu Santo viene con poder y se derrota a Satanás. Todas las cosas que tratan de destrozarnos a cada uno de nosotros, como la enfermedad, el dolor, la pobreza, el pecado, el desánimo, las luchas y el fracaso, pueden cambiar con alabanza. Cuando adoramos a Dios, Él obra con poder para derrotar cualquier cosa que se nos oponga.

«Hay paz y una fuente de fortaleza y confianza en la presencia de Dios, sin importar lo que quizá suceda a nuestro alrededor», dijo el pastor Jack. «Con todo, no sucede sin alabanza y adoración. La alabanza destruye la atmósfera en que florecen la enfermedad, la derrota, la inutilidad y el desánimo. La alabanza trastorna el clima propicio para el desarrollo del sufrimiento, la confusión, la agitación y las luchas de la vida. La alabanza apaga el fuego del infierno y respira la vida de Dios en el vacío que produce la muerte en la tierra. El poder de Dios es como un tornado que quita los obstáculos del pecado, el yo, la enfermedad y Satanás».

No solo tratamos de conseguir la atención de Dios y avivando su interés cuando lo alabamos. Él ya está atento e interesado. No tratamos de halagarlo para que nos favorezca y conteste nuestras oraciones. Él ya nos favorece y ha prometido contestar nuestras oraciones. Aun así, cuando lo alabamos, expresamos nuestro amor y reverencia hacia Él, y somos obedientes a lo que nos ha pedido que hagamos.

«La Palabra de Dios no nos manda a que le demos gracias a Dios por cada dolor, mal, tragedia ni problema», explicó el pastor Jack. «Sin embargo, nos dice que nunca dejemos que las circunstancias reduzcan nuestras alabanzas. No dice que demos gracias *por* todas las cosas, sino que demos gracias *en* todas las cosas. Cualquiera que sea la situación, sin importar lo sombría que pudiera ser, debemos alabar a Dios que es mayor que nuestras circunstancias, y cuyo amor nos garantiza el triunfo sobre ellas y a través de ellas».

A menudo, después del tiempo de la adoración en la iglesia, el pastor Jack nos pedía que nos diéramos las manos con las personas a cada lado y que nos uniéramos a las personas al otro lado del pasillo. Entonces nos guiaba en oración por un asunto en particular. Cada vez que hicimos eso, sentía la fuerte unidad en la gente y el poder del Espíritu de Dios fluyendo a través de nosotros. Luego, con nuestras manos todavía unidas, nos pedíamos que las levantáramos y cantáramos alabanza al Señor. El poder de ese momento de adoración corporal era palpable e inmensurable, y no había duda que la presencia de Dios había encontrado un hogar.

Construimos una casa para la presencia de Dios cuando nos disponemos a adorar a Dios a su manera y lo hacemos nuestra primera prioridad. Eso quiere decir que cada uno de nosotros como individuos debemos hacer de eso una prioridad también en nuestra vida. No solo necesitamos ser parte de tiempos de adoración con el cuerpo de creyentes en nuestros cultos en la iglesia o en otras reuniones donde se reúnen los creyentes para adorar a Dios, sino que es importante que lo alabemos y adoremos incontables veces durante nuestro día. La adoración es una forma de oración. Si queremos ver poder en nuestras oraciones, debemos comenzar allí.

Forme personas que hagan su trabajo

«No estoy interesado en construir una *iglesia* grande, estoy interesado en formar *personas* grandes», nos decía el pastor Jack una y otra vez a través de los años que fui una de sus ovejas. Nunca pensó en cómo llegar a tener una congregación de muchas personas porque estaba demasiado ocupado tratando de hacernos crecer como individuos a fin de que llegáramos a ser todo para lo que Dios nos creó. A cada momento nos impulsaba a crecer en lo espiritual y lo personal, y para nosotros eso se hizo una forma de vida. A pesar de eso, la asistencia siempre crecía más allá del espacio que teníamos en la iglesia. Incluso el aumento de cultos múltiples y la compra de más propiedades nunca parecieron alcanzar el crecimiento.

Durante ese tiempo aprendí que la iglesia no es un simple edificio. La iglesia es la gente. Usted y yo y millones de otras personas que creen en Jesús formamos la iglesia. El *edificio* de la iglesia es un lugar en el que los creyentes se pueden reunir para recibir alimento, crecer y prepararse para salir y hacer la obra de Dios.

Todas las personas en la iglesia, el cuerpo de Cristo, los creyentes, tienen un propósito para sus vidas. Y Dios ha colocado dones, talentos y habilidades en cada uno de nosotros para lograr ese propósito (Efesios 4:8-16). *Pertenecer a una iglesia, un cuerpo local de creyentes, una congregación*, guiada por líderes piadosos que le ayudarán a crecer, es la manera más eficaz para identificar y desarrollar esos dones y llegar a ser una persona eficiente en el reino de Dios. A través de esta familia en la iglesia, Dios le enseñará en cuanto a sí mismo y a sus planes para su vida.

«La iglesia no la construye el liderazgo experto. A la iglesia la construye Jesús», dijo el pastor Jack. «Sin embargo, los líderes están allí para cultivar el entendimiento de la gente. Lo que caracteriza mucho de la iglesia en el mundo es que las personas creen que los pastores o clérigos son profesionales contratados que serán devotos en lugar de ellas. Miran a sus líderes para que *conduzcan* la iglesia, y *van* a la iglesia para que esta sea algo que les *suceda*. Al hacer esto, las personas no piensan en sí mismas como instrumentos para penetrar al mundo con la vida de Jesús. Con todo, la iglesia no es una organización, es un organismo. Y el plan de Dios es que los líderes nutran a las personas con una dimensión de lo que fueron creadas para ser».

Es importante que no pierda de vista el hecho de que es parte de un cuerpo de Cristo mayor. Si no lo entiende, tenderá a pensar sobre sí mismo como un laico, alguien que «solo» es una mamá o un papá, o una «simple» ama de casa, maestra, bombero o estudiante, o un «simple» empleado de oficina, soldado, plomero o vendedor. No se verá como una herramienta del amor de Dios y su poder en el lugar que está, sin importar dónde sea ese lugar o lo que haga para ganarse la vida. Estar en la iglesia y orar con otros creyentes le ayuda a ver que está conectado a lo que Dios hace en la tierra y que es parte de esto.

Es por eso que cada vez que va a la iglesia, algo discernible, algo de crecimiento, debería estar ocurriendo en su interior a través de la enseñanza, la adoración y la oración. Cada vez que está con el cuerpo de Cristo, se debería sentir refrescado, renovado, animado y edificado. Si no cree que esas cosas le estén sucediendo, o que no lo preparan para llegar a ser todo lo que ha sido creado para ser, pregúntele a Dios si está en la iglesia adecuada. Dios tiene una familia de la iglesia específica para usted, así que pregúntele dónde es. Se lo va a mostrar.

«El lugar del creyente en percibirse como una persona que tiene gran potencial en la oración es fundamental para lo que la iglesia va a ser», dijo el pastor Jack. «En una reunión de oración en la iglesia primitiva de Antioquía, el Señor estableció un plan que cambió el mundo (Hechos 13:1-3). Los miembros de esa congregación reconocieron que el cambio involucraría dos cosas: su respuesta al Espíritu Santo que los trajo a la oración y al ayuno, y el enviar misioneros. Y el mundo *cambió*. Es un hecho observable que la historia cambió sobre las bases de esa reunión de oración en Antioquía, Siria, hace casi dos mil años. Cualquier análisis histórico del flujo de acontecimientos que han dado forma al mundo como lo conocemos hoy, en especial la civilización occidental, se puede trazar por esa reunión de oración.

»Las personas que oran y que entienden quiénes han sido hechas en Cristo marcan la dirección de la historia en su mundo, ya sea local, regional, nacional o internacional. La mayor parte de la iglesia de creyentes hoy en día piensa en la fe en Jesucristo como un escape. No obstante, Dios dice que Él quiere que seamos instrumentos de redención y oración intercesora, y el ministerio va a fluir de eso».

Por cierto, una cosa he aprendido con toda seguridad en los más de treinta años que estoy caminando con el Señor: *Es imposible crecer y desarrollarse a su mayor potencial en forma independiente de otros creyentes*. No puede ser «solo yo y Dios todo el camino». Tenemos una dependencia mutua los unos de los otros porque nos definen y refinan dentro del contexto de un cuerpo local de creyentes.

«Hay muchas personas que les gusta tener un camino privado con Dios», dijo el pastor Jack. «La intimidad de nuestro caminar privado con el Señor es una parte muy maravillosa de nuestra vida, pero si eso es todo lo que tiene, no tiene una vida cristiana en desarrollo. Con demasiada facilidad se puede marchitar. Nos vamos a enfocar en nosotros mismos. Es triste, pero hay gente que vive de esa manera y lo considera espiritual:

retrayéndose a su propio mundo. Esto es hasta cierto punto el mismo estilo de vida escapista que caracterizó la búsqueda espiritual de muchos líderes y que ocurrió en la Edad Media. La cultura se volvió sombría en lo espiritual porque la gente se olvidó de cómo se esparce la Luz. Ese estilo de vida se llamó vida monástica, en el cual la gente buscaba iluminación privada de Dios, pero fracasaban en cuanto a estar unidos con otros creyentes para ser afectuosos entre sí y estar "encendidos". Cuando nos unimos a otros creyentes, podemos llegar a ser una iglesia "ferviente" que no solo ora con poder, sino que se extiende al mundo con el amor de Dios».

La formación de personas para que hagan la obra de Dios sucede en la iglesia local cuando nos conectamos y crecemos con el resto de la congregación. Es dentro de ese contexto que encontramos para qué nos crearon para ser y hacer.

Una de las cosas más importantes en cuanto a ser una familia espiritual es encontrar el poder en la oración a través de la unidad. Cuando un esposo y una esposa están en unidad, su matrimonio es fuerte. Y cuando los hijos están en unidad con sus padres y los unos con los otros, la familia permanece fuerte. Lo mismo sucede con la familia espiritual. Cuando los líderes están en unidad, y los creyentes lo están con ellos y los unos con los otros, existe una dinámica que agrega poder a sus oraciones y da la confianza de que Dios va a responder con poder.

Forme una fuerza que es irresistible

Cuando comencé a asistir a los cultos de los miércoles por la noche en la iglesia, descubrí la misma adoración que cambia las vidas que estaba presente los domingos por la mañana. Aunque también aprendí a interceder por las personas y las situaciones. En nuestros círculos de oración se nos entregaban tarjetas a cada uno que tenían escritas peticiones de oración específicas de personas de la congregación, de la ciudad, de la nación y de todo el mundo. Estas personas habían llamado o habían escrito para pedir que la iglesia orara. También oramos por asuntos y situaciones en el mundo que el pastor u otras personas nos contaban. El tiempo de oración era mucho más largo los miércoles por la noche, tal vez unos treinta minutos, porque siempre había muchas cosas por las que orar, en especial por nuestra ciudad.

A finales de la década de 1980, hubo una severa sequía en la parte sur del estado de California. Esta sequía en particular fue terrible porque apenas había caído lluvia durante varios años. Llegó a tal punto, que nos racionaron el agua. Si nunca ha experimentado esto, es algo que da miedo. No puede regar sus plantas, césped ni jardín, así que todo se muere. No puede hacer funcionar el agua del inodoro cuando quiere ni tomar una ducha, así que presenta muchos inconvenientes. Si no tiene cuidado de mantener agua embotellada, tal vez se quede sin agua para beber. Y si usa más del agua asignada para usar, no solo va a pagar un precio exorbitante, sino que le van a cortar el agua. Y no hay nada que pueda hacer en cuanto a eso. Durante una sequía, no hay manera de conseguir la cantidad de agua que necesita.

En una de nuestras reuniones de oración de los miércoles por la noche, el Señor movió el corazón de Anna Hayford para que contara una visión que Él le había dado mientras miraba un noticiero local en la televisión. El meteorólogo dijo que una banda de alta presión había estado colocada sobre las cuatro esquinas de la región y no se había movido por mucho tiempo. Mientras Anna miraba el informe, el Señor puso en su corazón que la congregación debía orar contra el espíritu que resistía la bendición de la lluvia y que mantenía estacionaria esa banda. Y debíamos hacer esto aunque ahora estábamos en el mes de marzo, lo que quería decir que había pasado la estación de lluvias para el sur de California.

El pastor Jack nos recordó la relación dinámica entre el ámbito natural y el espiritual, y cómo Dios le había hablado al pueblo de Judá de antaño. Él les dijo que si alguno de los pueblos de la tierra fallaba en mantener la adoración al Señor, «tampoco recibirá lluvia» (Zacarías 14:17). De este principio concluimos que si *adorábamos* a Dios como intercesores, había razón para creer que podíamos esperar que *hubiera* lluvia. Confiamos en que alabando y exaltando al Señor, y que orando de forma específica por esto, lograríamos romper lo que fuera que impedía que esa banda de presión se moviera y tendríamos lluvia, aun cuando no era la estación.

Lo notable fue que ese mismo meteorólogo que había dado el pronóstico del tiempo estaba visitando nuestra iglesia y escuchó todo lo que dijo Anna. Él observó a las personas adorando a Dios, y escuchó al pastor Jack orar que cualquier cosa que obstruyera el movimiento de esa banda de presión se eliminara y que viniera la lluvia. Se sorprendió de escuchar que esta clase de cosa fuera motivo de oración en una iglesia.

Aunque la banda había estado estacionaria durante *semanas*, bloqueando los patrones de tiempo potenciales que podrían traer lluvia, en menos de cuarenta y ocho horas *se movió* y la lluvia comenzó a caer en la ciudad en abundancia. Es más, ese fue el mes de marzo de más lluvia en la historia de Los Ángeles. Cayó suficiente lluvia como para toda la temporada. Cuando el meteorólogo vio lo que había pasado después de aquella noche de oración, lo mencionó en la televisión una noche durante su informe del tiempo.

«¿Saben por qué tenemos lluvia?», preguntó. «Yo estuve en una iglesia que oró para que esto pasara: el movimiento de esta banda y que lloviera».

Debido a que eso fue un testimonio tan poderoso para él, más tarde volvió a la iglesia y recibió al Señor. Reconoció que no había forma de que esa lluvia hubiera caído en forma natural porque por lo general llueve muy poco en marzo en el sur de California. Debido a esas lluvias, los reporteros de noticias y del tiempo llamaron al fenómeno de ese año «el marzo milagroso». Lo llamaron así inclusive la gente que no sabía nada de lo que había pasado en la iglesia.

Esa experiencia nos cambió a los que oramos. Antes que todo, nos hizo muy conscientes de lo terrible que debe ser para la gente en los países que experimentan sequías continuas. Tuvimos una compasión y motivación nuevas para orar por la gente en esa clase de situación. En segundo lugar, nunca nos volvimos a quejar por los días de lluvia. Y en tercer lugar, aprendimos que la oración es algo que ni las fuerzas de la naturaleza pueden resistir.

No me malinterprete. Cuando relato estas respuestas a las oraciones que pronunció la iglesia, no estoy diciendo que eso sucedió solo porque *nuestra* iglesia oró. Estoy segura de que Dios llamó a otras personas y a otras iglesias a orar también. A lo que me refiero es que los que estuvimos allí esa noche de oración sabemos que esas lluvias fueron un milagro. Vimos cómo Dios contesta las oraciones cuando la gente se une en el espíritu de la alabanza y oran con poder.

Algunas personas tal vez se formulen preguntas sobre si Dios cambiaría en realidad el tiempo porque la gente ora. No obstante, Él lo hizo en la Biblia: «Elías era un hombre con debilidades como las nuestras. Con fervor oró que no lloviera, y no llovió sobre la tierra durante tres años y medio. Volvió a orar, y el cielo dio su lluvia y la tierra produjo sus frutos» (Santiago 5:17-18). La Biblia también dice que «para Dios no hay nada imposible» (Lucas 1:37), y que «Jesucristo es el mismo ayer y hoy y por los siglos» (Hebreos 13:8). ¿Qué más necesitamos saber?

⨾ ⨾ ⨾

Durante los cuarenta años que viví en Los Ángeles, sobreviví a muchos terremotos. Los esperábamos. La Biblia dice que la tierra va a tener terremotos. Los sismólogos nos dicen que vendrá un gran terremoto a California. Y muchos autores han profetizado en libros sobre futuros terremotos. El pastor Jack nos enseñó que aunque es cierto que tenemos que encontrar nuestro lugar de refugio en el Señor sin importar lo que pase, deberíamos ver estas predicciones como motivos de oración.

«En ningún lugar de la Biblia la actividad sísmica es un asunto que está exento de las oraciones de intercesión del pueblo de Dios», dijo el pastor Jack. «Si podemos orar, y por la gracia de Dios pueden cesar las tormentas; si podemos orar, y por el poder de Dios podemos hacer desviar a los huracanes; si podemos orar e invocar lluvia donde ha habido una sequía, no hay razón para sentir que es presuntuoso orar por los terremotos. El Salmo 115:16 dice que los cielos le pertenecen al Señor, pero que a la humanidad le ha dado la tierra. Los hijos e hijas redimidos de Dios tienen derecho a esperar que sea privilegio de ellos orar por algo que podría ser desastroso y verlo mejorar en una de dos formas. Ya sea que por medio de la oración ocurra una reducción del impacto de dicho desastre, o que si viene con todo su impacto que haya redención y sanidad en la situación».

Tal vez se pregunte: «Si eso es cierto y la gente estaba orando, ¿por qué sucedió el terremoto de 1994 en Northridge? ¿Había dejado de orar la gente aquel día?».

Mientras viví en Northridge, oraba cada día pidiendo protección de los terremotos. Y sé de muchas otras personas que también oraban de esa manera. Es por eso que creo que hubo pocas muertes a pesar de lo masivo y violento que fue el terremoto. Podría haber habido miles, pero hubo unas pocas. Si no hubiera habido nadie orando, la situación habría sido mucho peor.

Si algo malo pasa en su ciudad, eso no quiere decir necesariamente que la gente no oraba. Dios no está sentado en el cielo pensando en situaciones traumáticas y en acontecimientos que nos van a enseñar una lección. Está esperando que vayamos a un lugar de arrepentimiento por nuestra falta de oración y falta de fe en su habilidad para contestar nuestras oraciones. Está esperando que nos despertemos y nos convirtamos en una fuerza tan fuerte que ni las fuerzas del infierno ni las de la naturaleza logren resistirla.

Algunas de las otras cosas por las que oró nuestra iglesia fue que la fuerza policial fuera fuerte y buena, y capaz de hacer bajar el promedio de crímenes, que se detuvieran los brotes de epidemias, que se controlaran los incendios forestales, que se eligieran líderes rectos, que se nombraran jueces honestos y temerosos de Dios, que hubiera paz en nuestro vecindario y que prosperaran todas las otras iglesias en la ciudad.

Por supuesto que siempre orábamos por asuntos fuera de nuestra ciudad que sabíamos que necesitaban un toque milagroso de Dios.

Cuando a Dayna Curry y Heather Mercer las hicieron prisioneras en Afganistán, la iglesia del pastor Jack en Los Ángeles oró por ellas, la iglesia a la que ahora asisto en Tennessee oró por ellas, sus propias iglesias oraron por ellas, e incontables otras iglesias en toda la nación y el mundo oraron por ellas. Después que recibimos la noticia de que al fin las pusieron en libertad y que estaban de vuelta en el país con seguridad, millones de nosotros en todos los lugares lloramos y le agradecimos a Dios por esa increíble respuesta a la oración.

Algunos meses después que las pusieron en libertad, yo estaba en un viaje promoviendo mis libros y también lo estaban ellas. Me encontré con Heather y Dayna muchas veces en estudios de radio y de televisión donde nos entrevistaban. Cada vez que las veía les daba un abrazo, las lágrimas me ahogaban porque sabía que abrazaba un milagro. La libertad de Heather y de Dayna es uno de los mejores y más hermosos testimonios del poder irresistible de una iglesia que ora. Ningún plan del infierno puede prevalecer contra ella.

Rompa muros denominacionales

¿Cómo compara manzanas, naranjas, peras, arándanos, cerezas, papayas y bananas? Cada una tiene su propio sabor bueno y distintivo. Sin embargo, todas son frutas. Y cuando se combinan, forman una excelente ensalada de frutas. Así es como deberían ser las denominaciones. El propósito de las denominaciones debería ser organizar a los creyentes en familias diferentes, no erigir muros ni paredes que separen el cuerpo de Cristo.

No hay nada de malo con tener distintas denominaciones en la iglesia, como tampoco hubo nada de malo con tener diferentes tribus en el Israel del Antiguo Testamento. Aun así, cuando llegamos a estar tan enamorados de nuestra propia tribu, o denominación, que fallamos en reconocer que tenemos hermanos y hermanas en otras tribus, y que todos formamos parte de Israel, llega a ser un problema. Dios no quiere que le faltemos el respeto a otras tribus, construyendo paredes de actitud hacia ellas y pensando que estamos haciendo lo que es justo. Dios quiere que nos amemos los unos a los otros porque todos somos parte del cuerpo de Cristo.

La gente construye paredes denominacionales porque temen que alguien se vaya a otra tribu. Y en algunos casos, se les da la idea a las personas que si van a otra tribu, tal vez ni siquiera estén en Israel. Debemos orar que esta manera de pensar de separatismo denominacional, el que pone paredes entre las personas cuando el cuerpo de Cristo debería estar junto, se sustituya con una apreciación de nuestras diferencias. Sabores diferentes, pero la misma ensalada.

Jesús dijo que la forma en que el mundo conocerá que somos sus discípulos es por nuestro amor los unos por los otros (Juan 13:34-35). En demasiadas partes de la iglesia, la gente no lo está viendo. Nos ven cerrar filas y amar a los nuestros. No nos ven queriendo alcanzar a otros que son diferentes a nosotros. Nos ven peleando entre nosotros.

Una de las preguntas que con más frecuencia me formulan los inconversos es: «¿Cuál es el propósito de las denominaciones? No lo entiendo. ¿Por qué las necesitan? ¿Por qué una denominación critica tanto a otra?».

Cada vez que trato de explicarlo, me encuentro formulándome la misma pregunta. ¿Por qué nos enfocamos de forma tan inflexible en nuestras diferencias en lugar de celebrar las cosas maravillosas y poderosas que tenemos en común?

Mientras que no creamos una unidad basada en «todo está bien», muchos líderes piadosos han estado de acuerdo en que, sin tener en cuenta la afiliación denominacional, se podrían reunir juntos bajo una declaración de fe que se enfoque en los principios bíblicos básicos que aceptaría cualquier creyente. Cosas tales como: la deidad del Señor Jesucristo, su nacimiento virginal, su vida sin pecado, su muerte expiatoria en la cruz, su resurrección; o que Dios es un solo Dios, existiendo en las tres personas del Padre, el Hijo y el Espíritu Santo; y que la Biblia es la inspirada e infalible Palabra de Dios; y que cuando creemos en Jesucristo y lo recibimos, tendremos un futuro eterno en el cielo con Él. Sobre bases como esas, ¿no existe lugar para nosotros de unirnos en el amor de Dios y en el nombre de Jesús para movernos en el poder de la oración unida?

Veo a la generación más joven lista para esa manera de pensar. Muchos están determinados a traer cambio y unidad en ese aspecto.

«Hay muchas denominaciones en toda la nación y en todo el mundo, con muchos ministerios dignos y misiones que se realizan en cada una de ellas», dijo el pastor Jack. «Y si alguna vez he sentido que las cosas están a punto de avanzar con respecto a la división, es ahora. Para tender un puente y recobrar las relaciones se requiere que la persona cada vez trate de alcanzar con la ternura de Jesús a la gente de otras tradiciones eclesiásticas, y que vea que la comunión en la iglesia se establece con amplitud en el cuerpo de Cristo».

Para lograr eso es preciso que nos enfoquemos en lo que estamos *de acuerdo* en lugar de pelear por los asuntos que no vemos iguales. Debemos estar más preocupados con traer a los inconversos al Señor de lo que estamos con probarles a otros creyentes que estamos más en lo cierto o que somos más justos que ellos.

«Nunca hay acuerdo alguno en el ámbito de las tinieblas», explicó el pastor Jack. «Aunque hay tiempos cuando las huestes del infierno marchan juntas, no se debe a que "estén de acuerdo", sino a que están encadenadas juntas. Es por eso que el enemigo resiste cualquier intento de unidad en el cuerpo de Cristo. Aunque en Cristo, la Biblia dice que dos o tres que están de acuerdo tienen una dinámica de unidad en el Espíritu Santo que puede romper la oposición del adversario».

La meta del enemigo es crear división cuando quiera y en cualquier parte que pueda porque no quiere que nos reunamos. Cuando dos o tres de los santos más débiles están de acuerdo, no lo puede soportar. Y cuando toda la iglesia ora junta, su derrota es devastadora.

La belleza de un arco iris es cuando se ven juntos todos los colores. La gente está comenzando a reconocer eso. Jesús está trayendo a toda su iglesia junta de manera grandiosa, y esto está sucediendo con la caída de las paredes denominacionales. Organizaciones tales como el Día Nacional de Oración, Cumplidores de Promesas (para hombres), las cruzadas evangelísticas de Billy Graham, *See You at the Pole*, que es una organización para la oración de estudiantes de secundaria, los festivales de Luis Palau, las cruzadas de Greg Laurie y muchas maravillosas conferencias nacionales de mujeres son solo unos pocos ejemplos de grandes grupos que oran, que han roto las paredes denominacionales y han cruzado todas las barreras para lograr grandes cosas para el reino de Dios. Necesitamos más de esto en el mundo. Sería bueno que cada uno de nosotros participáramos en organizaciones como estas.

Cuando los pastores se llegan a conocer mutuamente como personas y no como símbolos denominacionales, las cosas comienzan a cambiar. Comienzan a reconocer que tienen metas comunes y que todos enfrentan desafíos similares. Ya no piensan en términos de competencia ni de estar más en lo cierto que otra persona. Piensan, en cambio, que están en el mismo equipo. El pastor Jack le contó a la congregación sobre su propia lucha con este mismo asunto cuando acababa de llegar a la iglesia.

«No pensaba que era sectario», dijo el pastor Jack. «Entonces, cuando Anna y yo llegamos a esta iglesia, era pequeña. Y al final de la calle, había una de las diez iglesias más grandes de Estados Unidos en aquel tiempo. Recuerdo el primer domingo en nuestra pequeña iglesia. Estaba en los peldaños del frente del santuario esperando que llegara la gente para saludarla. Llegaron unas treinta personas. Sin embargo, vi innumerables automóviles pasando de largo y dirigiéndose a esa iglesia grande cercana a la nuestra».

Un par de semanas más tarde, el pastor Jack conducía su automóvil y se paró en una luz roja enfrente de esa iglesia grande.

Mientras esperaba sentado en el auto a que cambiara la luz roja a verde, notó que el lado de su rostro que daba al edificio de la iglesia le quemaba como fuego. Al instante, reconoció que el Señor ponía al descubierto una actitud que tenía hacia esa iglesia grande, una que ni siquiera se había dado cuenta de que se había desarrollado en su corazón. Describió el encuentro como una conversación entre él y el Señor, una que resultó en la contundente corrección de su ser aunque en gran medida liberador.

Al sentir la inexplicable sensación de quemadura, preguntó: «Señor, sé que lo que siento no está bien, ¿qué debo hacer?».

El Señor le habló a su corazón diciéndole: «Al menos podrías comenzar mirando el edificio».

Así que miró hacia la iglesia y dijo: «¿Qué debo hacer ahora, Señor?».

«Te estoy llamando a orar por lo que estoy haciendo en esa iglesia». Las palabras se quedaron impresas con poder en su corazón. «Tan grande es la obra que estoy haciendo aquí, que los pastores de esa iglesia no dan abasto. Sin embargo, aunque no son parte de tu rebaño, tú eres uno de mis pastores y te estoy llamado a orar».

«Un milagro sucedió en mi corazón en ese instante», explicó el pastor Jack a nuestra congregación, «y *amé* esa iglesia. Si hubiera estado confinado a una silla de ruedas y me hubiera puesto de pie y caminado, no hubiera sido un milagro mayor para mí. Eso es porque a veces las actitudes del corazón pueden ser tan difíciles de cambiar como la aflicción física. Y lo que me sorprendió en las semanas siguientes fue que, cuando pasaba conduciendo por otras iglesias, me daba cuenta de que me sentía de la misma manera hacia ellas.

»En realidad, Dios hizo algo en mi corazón. No era que antes hubiera sentido odio, enojo o aun un sentimiento de competencia. Sin embargo, tenía categorías en las que colocaba a las personas. Por ejemplo, si pasaba por una iglesia con una tradición religiosa que no podía aceptar, presumía que estaba justificado al suponer que Dios también los desaprobaba. Entonces, en un momento específico, el Señor despertó en mi corazón un amor que jamás pensé que sentiría. Habló a mi corazón diciendo: "¿Cómo puedes pensar que no querría bendecir a una iglesia donde *cada mañana* el testimonio de la sangre de mi Hijo se levanta en el altar de la adoración?"».

De la misma manera que los estados, las regiones, los departamentos o las divisiones en un país no deberían tener barreras, las denominaciones no deberían tener barreras en el cuerpo de Cristo. Las denominaciones deberían organizar a las personas en familias, pero debemos evitar un espíritu que divida a la gente en campamentos que compiten. Cuando los inconversos ven a los cristianos peleándose entre sí, nos desechan como irrelevantes. Lo sé porque cuando era inconversa, solía tener una actitud crítica también hacia eso. No podemos llevar un mensaje de esperanza y paz a otras personas cuando actuamos como si nosotros mismos no lo tuviéramos.

La destrucción de las barreras denominacionales comienza con personas como usted y yo que oran juntas por la unidad en el cuerpo de Cristo. Y también debemos tratar de alcanzar a otros en diferentes denominaciones. Podemos orar que los líderes de la iglesia y los pastores traigan a las personas de todas las denominaciones en una ciudad para orar. Cuando eso ocurre, las paredes denominaciones caen, se levanta la unidad y suceden cosas poderosas.

Rompa barreras raciales y culturales

Una de las cosas más notables que vi en el ministerio del pastor Jack fue que la gente que asistía a su congregación era de todas las culturas, razas y colores. Lo mismo sucede en la iglesia a la que asisto ahora en Tennessee, y lo veo cada vez más en las iglesias de los lugares a los que viajo. Todas las personas que vienen a la iglesia sienten el amor de Dios que se les extiende a ellos. Y lo sé porque los pastores de estas iglesias en forma deliberada han alcanzado a *toda* la gente.

Uno de los acontecimientos más poderosos de los que he sido testigo, uno que rompió barreras culturales, raciales y denominacionales, sucedió cuando el pastor Jack y el pastor Lloyd Ogilvie invitaron a un grupo de iglesias a que se unieran en oración para buscar bendiciones para nuestra ciudad. Lloyd Ogilvie era entonces el pastor de la iglesia llamada Hollywood Presbyterian, y esto fue un poco antes de que aceptara el puesto de Capellán del Senado de los Estados Unidos.

Todo sucedió cuando el pastor Jack invitó a varios líderes y pastores de Los Ángeles a reunirse en un desayuno de oración en las instalaciones de nuestra iglesia. Después de la comida, les dijo el motivo de su invitación. Les explicó la visión de que oraran juntos por la ciudad. Indicó asuntos de profunda necesidad para Los Ángeles y luego cómo podían comenzar a moverse juntos en una continua red trabajando con cientos de pastores en oración. Cuando terminó de hablar, en aquel instante sucedió un terremoto increíblemente extraordinario. No causó muchos daños, pero fue fuerte, y en forma significativa movió y estremeció el lugar, haciendo repiquetear los platos y cubiertos en las mesas donde desayunaron. Por cierto, consiguió la atención de cada uno y todos los presentes lo reconocieron como algo más que una coincidencia. Como resultado, y sintiendo que Dios los llamaba a unirse, estuvieron de acuerdo en hacerlo. (¡Y estoy segura de que yo también habría estado de acuerdo!)

Poco tiempo después, el pastor Jack formó un equipo con Lloyd Ogilvie e invitaron a más pastores a que asistieran a una reunión similar en la iglesia del pastor Ogilvie en Hollywood.

Tuvo tanto éxito que decidieron celebrar este mismo tiempo de reunión tres veces al año, y cada vez que se reunían, la asistencia aumentaba.

En la reunión más memorable a la que asistí, el pastor Jack y el pastor Ogilvie invitaron a todos los pastores de la ciudad, junto con los líderes de las congregaciones a venir para una reunión gigante de oración llamada «Ama a Los Ángeles». El propósito de esta reunión fue reunir a todas las iglesias para orar por Los Ángeles. Tuvo lugar en una enorme iglesia localizada en la parte metropolitana de la ciudad. Asistieron diez mil personas, representando cientos de congregaciones y todas las razas y todo tipo de denominación.

En el instante en que entré al santuario, sentí la tierna, electrizante y dinámica presencia del Espíritu Santo. Todo el mundo podía sentir que Dios iba a realizar algo. Después de un tiempo de adoración poderoso, el pastor Jack invitó a un pastor de cada congregación a que pasara adelante a la enorme plataforma en el frente del santuario. Después que la plataforma estuvo llena de gente por completo, el pastor Jack le pidió a cada pastor que hiciera una oración por la ciudad en su lengua nativa. Debe haber habido unos treinta idiomas representados.

El poder del Espíritu Santo era tan evidente en cada oración, ya sea que hubiera sido en un idioma que uno pudiera entender o no, que se podía sentir que lo que sucedía estremecía a la tierra. Muchos de nosotros no podíamos contener las lágrimas porque en esta enorme ciudad, que cada día crecía más y que estaba destrozada por los conflictos y las divisiones raciales, fue algo transformador y sanador ver a personas que representaban todas las culturas, razas y denominaciones, unirse en oración para derribar las fortalezas de las tinieblas que se erigieron en la ciudad. Recuerdo haber pensado: *Así es como se va a ver el cuerpo de Cristo en el cielo.*

«Debe haber liderazgo en el cuerpo de Cristo de la iglesia que ayude a borrar la amargura arraigada en algunos sectores de nuestra sociedad», dijo el pastor Jack. «Debemos ganar terreno en cuanto a las malas actitudes, y esto lo debe guiar el pueblo de Dios porque nadie más lo puede hacer. Debemos empezar con lo que la gente les hizo a los estadounidenses nativos cuando se conquistó esta tierra, siguiendo a lo que se les ha hecho a los esclavos durante generaciones. Si lo traza a través de la historia, no existe una parte de nuestra cultura que no se haya violado. Y en represalia, las actitudes que existen en estas personas violadas hacia la cultura blanca son del mismo modo malas como las suyas, una amargura hacia los que sembraron la semilla del mal. No hay inocentes».

A fin de cruzar esta enorme división en nuestra tierra, cada uno de nosotros tiene que comprometerse a ser un reconciliador. La manera de hacerlo es confesando primero nuestros pecados como pueblo por haberles hecho mal a otras personas más de lo que sabemos. Luego debemos estar dispuestos a llenar la brecha que se ha formado diciendo: «Dios, úsame como un instrumento para romper todas las actitudes de odio, animosidad, separación y falta de respeto hacia otras razas». Y también debemos orar junto a otros creyentes pidiendo que vengan la reconciliación y la sanidad necesarias.

«La separación que vino entre las tribus de Israel, cuando las tribus del norte se separaron de las del sur, es similar a la guerra tribal que existe en nuestra nación hoy en día: desde las guerras entre las pandillas hasta las actitudes que existen entre los grupos étnicos», dijo el pastor Jack. «Nosotros, los creyentes en nuestra nación, debemos orar para que Dios despierte a su pueblo del adormecimiento, la apatía espiritual y el sueño de modo que entiendan su papel en guiar a la gente en el camino de la reconciliación».

La única manera en que se van a derribar las barreras raciales y culturales es si la iglesia se arrodilla y ora. Por supuesto que Satanás va a poner resistencia a esto. No quiere que estemos unidos en este asunto. No obstante, nosotros podemos resistirlo (1 Pedro 5:9). Podemos mantenernos «firmes e inconmovibles, progresando siempre en la obra del Señor, conscientes de que su trabajo en el Señor no es en vano» (1 Corintios 15:58).

Cada vez que asuntos raciales y culturales separan a las personas, la iglesia que ora debe entrar en acción. Para que venga la reconciliación, primero debe haber intercesión. Y comenzará a notarse cuando cada iglesia no solo ore, sino que alcance a otras iglesias y personas en la comunidad que son diferentes a ellos y les den algo de sí mismas. Invitemos al Espíritu Santo a hacer lo que anhela, que es unirnos estrechamente en el vínculo del amor.

Rompa fortalezas en su ciudad

En aquella enorme reunión de diez mil pastores, líderes y miembros de cientos de congregaciones que se reunieron para orar la noche llamada «Ama a Los Ángeles», una de las cosas específicas por las que oramos fue para que terminaran las guerras entre las pandillas. La situación se encontraba en su punto peor y aumentaba en forma extraordinaria todos los días, con cada vez más personas muriendo todas las semanas en asesinatos relacionados con las pandillas. Y no solo eran los miembros de las pandillas los que perdían la vida. También eran espectadores inocentes, aun bebés y niños, las víctimas de asesinatos. Era una situación que rompía el corazón y las entrañas, que traía dolor a todo el mundo. Era algo fuera de control.

Como resultó, el matrimonio que me llevó en su automóvil a esa reunión en el centro aquella noche, David y Priscila Navarro, fueron los que Dios usó para contestar esa oración. En el pasado, David fue líder de una pandilla, pero había recibido al Señor y era otra persona. Cuando asistía a La Iglesia en el Camino, llegó a ser anciano-pastor y sintió el llamado a ser un pacificador en la crisis con las pandillas. Así que él, junto a dos ex miembros de pandillas y un pastor, tuvieron el completo apoyo del pastor Jack y de la iglesia para llamar a una reunión de las enormes pandillas rivales de Los Ángeles a fin de hablar sobre un cese al fuego. La reunión se realizó en el santuario de nuestra iglesia un sábado, después de cubrirlos con ferviente intercesión. Estos hombres no solo fueron capaces de juntar a este peligroso grupo de miembros de las pandillas sin incidente, sino que también lograron que declararan una tregua entre las pandillas. Fue algo asombroso.

Después de eso, de inmediato hubo un cambio total en los asesinatos y la disposición de la ciudad se transformó por completo. Al año siguiente después de esa reunión, *no* hubo asesinatos relacionados con las pandillas, y tuvimos una muy necesitada paz. Ninguna de las personas presentes en esa reunión de oración de toda la ciudad puede creer otra cosa que esto fue un milagro en respuesta a las muchas oraciones de diferentes personas uniéndose para orar por la ciudad.

No le estoy hablando de estas reuniones de oración ni de nuestra congregación como si hubiéramos alcanzado un punto muy alto en cuanto a la fe. Éramos simplemente el pueblo de Dios en medio de una ciudad que sufría disturbios raciales, crimen incontrolado, asesinatos absurdos, violentos terremotos, inundaciones, incendios forestales, sequía y pornografía infantil, y que podía parecer algunas veces el centro del infierno. Sin embargo, Dios comenzó a despertar en nosotros un amor por esa ciudad y su gente, y una fe de que algo podía cambiar si orábamos.

«No luchamos contra carne y sangre, sino contra principados y potestades», explicó el pastor Jack. «Si hay algo que entendemos en cuanto a la proporción de las huestes de Dios y a las huestes de las tinieblas, es que en realidad, de acuerdo a la evidencia bíblica, las huestes celestiales son el doble que las huestes del infierno (Apocalipsis 12:4). Aun así, más que eso, estamos entregados a buscar al Dios viviente, y habiéndonos unido a su lado, nuestro poder y nuestra esperanza de victoria aumentan en forma exponencial. Satanás sabe que tiene un tiempo corto, pero a medida que el pueblo de Dios batalla en su contra, tenemos la promesa de que vamos a vencer los proyectos de sus estrategias malignas».

La victoria es del Señor y la batalla está determinada, pero la victoria no sucede de forma automática. Debemos entrar a la escena en oración.

En otra reunión de oración que organizara el pastor Jack, el Señor les dijo a ese mismo grupo de pastores que específicamente «oraran contra la destrucción de la ciudad de Los Ángeles». No mucho después de esto sucedieron tres cosas, una detrás de la otra. Ocurrieron disturbios raciales desatados por el arresto de una persona de la raza negra, un hombre llamado Rodney King. Hubo incendios devastadores y un terremoto muy grande en Northridge. Durante cada uno de esos hechos, debido a los comités de oración que habían unido a todos esos pastores, sus iglesias participaron en ayudar y servir a la comunidad, lo cual fue de suma importancia en cuanto a ayudar a la recuperación de la ciudad de Los Ángeles de esos horribles desastres.

Un ejemplo del poder de orar juntos (sobre todo de maneras que el mundo por lo general no notaría debido a la obra invisible de la mano de Dios), se relaciona a nuestras oraciones por los patrones del tiempo de la ciudad, oración que sin duda cambió lo que de otra manera podría haber sucedido. Esto fue lo que ocurrió.

Después de los disturbios, llevados a cabo en la primavera, mucha gente vaticinaba que el siguiente verano haría que la tensión étnica inestable empeorara y que se repetiría lo que habíamos sufrido. A la gente le preocupaba que a medida que los meses del verano trajeran temperaturas altas, las personas que no tenían aire acondicionado en sus hogares irían a las calles en grandes cantidades y que los disturbios fueran a ocurrir otra vez. En respuesta a estas predicciones, los pastores de la ciudad se sintieron guiados a orar para que hubiera un alivio en cuanto al calor del verano. También oramos por eso en cada una de nuestras congregaciones.

Más tarde durante aquella primavera, asistí al desayuno de oración del alcalde de la ciudad, en el centro de Los Ángeles. El pastor Jack guió a todos allí en una poderosa oración, pidiéndole a Dios que nos diera un verano fresco. Había más de mil personas en ese desayuno y yo pude sentir el enorme fervor y la unidad en el lugar mientras orábamos para que el Señor trajera tiempo fresco a nuestra ciudad.

El resultado fue que ese verano fue uno de los menos calurosos que jamás ha habido en la ciudad de Los Ángeles. La brisa marina creó un manto sobre la ciudad que duró todo el verano, y el clima cambió de manera drástica. Había vivido allí por casi cuarenta años y no recuerdo ningún otro verano en Los Ángeles que fuera tan fresco y agradable. El poder del pueblo de Dios cambia las cosas, incluyendo el tiempo. Inclusive Tom Bradley, el alcalde de la ciudad, indicó que creía que el tiempo moderado era un acto de la gracia de Dios.

«Hay un principio bíblico de que cuando se multiplican las asociaciones en oración, se multiplica la dimensión del impacto», explicó el pastor Jack. «Esto viene del Señor, quien dijo que cinco perseguirán a cien, y que cien perseguirán a diez mil (Levítico 26:8). No es asunto de decir que Dios se va a ver obligado por el número, pero existe un poder penetrante cuando hay acuerdo en la oración. Estar de acuerdo es como tocar notas en armonía. Las palabras "de acuerdo" o "unánimes" traen la idea de que la gente tiene la misma temperatura, el mismo grado de pasión, el mismo grado de enfoque (Hechos 2:1; 2:46; 4:24; 5:12). Esta realidad nos llama a orar juntos, creyendo de la misma manera sobre lo que es posible para nuestras ciudades».

El pastor Jack continuó enseñándonos que para alcanzar armonía, ("unanimidad"), es preciso que:

1. definamos por lo que vamos a orar
2. entendamos los fundamentos bíblicos sobre los cuales esperamos que sucedan esas cosas.

Eso trae enfoque a nuestras oraciones.

«Orar juntos por su ciudad requiere que con oración profunda y meditación le preguntemos al Espíritu Santo cuál es su meta de la oración», dijo el pastor Jack. «Cuando unimos su *impulso* (lo que Él pone en nuestro corazón como asuntos importantes) a sus *promesas* (lo que Él dice que hará cuando oramos), la fe se levanta y la oración eficaz se eleva al cielo».

Mediante la oración, Dios nos ha llamado a vencer la adversidad y a tomar dominio y gobernar los asuntos de la tierra. Nuestro llamado a gobernar no es tanto en el sentido de gobierno político, sino gobernar en el sentido espiritual orando: «Venga tu reino, hágase tu voluntad en la tierra como en el cielo» (Mateo 6:10). Esto es cierto aun si vivimos en una ciudad que merece el juicio de Dios. La Biblia nos da esperanza para creer que Dios en su misericordia rescatará la ciudad y la preservará de la destrucción que merece recibir, si se puede encontrar gente que ore.

Cuando Abraham oró por Sodoma para salvar a su sobrino Lot y a la familia de Lot, le preguntó a Dios si salvaría la ciudad si encontraba a cincuenta justos en ella. Dios dijo que sí. Abraham le preguntó si lo haría por cuarenta y cinco. Dios dijo que sí. Abraham pregunta por cuarenta. ¿Treinta? ¿Veinte? ¿Diez? Y el Señor dice que si halla diez, perdonará a toda la ciudad. Dios nunca paró de decir sí hasta que Abraham paró de preguntar. La ciudad se destruyó solo porque se encontraron *cuatro* justos (Génesis 18:16—19:29).

«Escuchen al corazón de Dios en esta historia», dijo el pastor Jack. «¿Estaba ansioso Dios por traer juicio a la humanidad? No. Él no *estaba*, ni lo *está*. Esa era una cultura símbolo de la ciudad más perversa y contraria a Dios en el Antiguo Testamento. Tanto fue así que la palabra Sodoma ha llegado a ser un término que describe la perversión humana y cultural. Sin embargo, en ese ambiente, Dios dice que la salvaría si encontraba diez justos. Recordemos eso, y recordemos también que Dios paró de conceder cuando Abraham dejó de pedir».

¿Con cuánta frecuencia hacemos lo mismo? ¿Con cuánta frecuencia dejamos de pedirle a Dios que derrame su Espíritu Santo en nuestras ciudades y que haga obras maravillosas de salvación y restauración en las personas que las habiten? Si Abraham hubiera continuado pidiendo, ¿se habrían salvado Sodoma y Gomorra? Tal vez. Aunque, de cualquier forma, la Biblia muestra que Dios está esperando encontrar intercesores, y nada en nuestras ciudades va a mejorar aparte de una iglesia que ora.

No importa en qué ciudad viva, Dios lo ha llamado para que ore por ella. La Biblia dice: «Busquen el bienestar de la ciudad adonde los he deportado» (Jeremías 29:7). Vamos a hacerlo.

Oremos juntos por la paz de nuestras ciudades. Y convirtámonos en la iglesia poderosa en oración que Dios nos ha llamado a ser.

El poder de la oración

Señor, ayúdame a ser una persona que llegue a otros con tu amor. Capacítame para extenderme a través de barreras culturales, raciales y denominacionales, e incluso de barreras en la iglesia. Ayúdame a no ser una persona que mire con sospecha a los que son diferentes a mí, sino más bien ayúdame a apreciar las diferencias de la misma manera que se pueden apreciar los hermosos colores de un arco iris. Oro que nunca me aparte y separe de las personas que no son como yo. Enséñame la mejor manera de alcanzar a otros con amor a través de las líneas divisorias.

Ayúdame a siempre estar en la iglesia que quieres que esté, a fin de ser parte de la obra que haces allí. Oro para que siempre pueda pertenecer a una iglesia que te adora de acuerdo a tu manera de adorar. Una iglesia que enseñe tu Palabra de manera clara y equilibrada y que entienda el poder de la oración. Guía a los pastores y a los líderes de mi iglesia a fin de que sean los hombres y las mujeres de Dios para lo cual los creaste. Ayúdalos a entender con claridad el camino que tienes para ellos. Ayúdame a mí y al resto de la congregación a captar la visión y a hacer lo que sea necesario para apoyarlos. Ayúdanos como pueblo a ver tu misión para nuestra iglesia y a apoyarla de todo corazón.

Ayúdame a moverme en unidad con la familia de mi iglesia y capacítanos a todos para movernos en armonía. Cuando exista cualquier forma de falta de unidad, oro para que traigas paz y comprensión que la sustituya. Trae redención y restauración donde sean necesarias. Gracias porque eres mayor que cualquier dificultad que podamos enfrentar, y tu amor garantiza que podemos triunfar sobre las dificultades.

Ayúdame a ser una persona que alaba y enséñanos como iglesia a ser una iglesia que te alaba. Instrúyenos en lo que debemos saber sobre la alabanza y la oración de modo que lleguemos a ser los intercesores que tú nos llamaste a ser. Te adoramos porque «digno eres, Señor y Dios nuestro, de recibir la gloria, la honra y el poder» (Apocalipsis 4:11). Sé que es bueno darte gracias en todas las cosas (Salmo 92:1) porque esta es tu voluntad (1 Tesalonicenses 5:18).

Señor, oro que derrames tu Espíritu en mi iglesia. Que cada iglesia en mi ciudad oiga tu llamado a la oración y que ocupe su lugar para llegar a ser tu poderosa iglesia que ora. Oro para que todas las iglesias se comuniquen las unas con las otras en amor y que se unan en oración por nuestra ciudad. Que tu amor fluya de cada iglesia hacia la gente en todos los lugares, a fin de que lleguen a ser lugares de refugio que reciban a los perdidos y a los que sufren. Que cada iglesia les dé la bienvenida a personas de todas las razas, culturas, colores y antecedentes.

Señor, te invito a que reines en esta ciudad. Derrama tu Espíritu sobre toda la gente que se acerque a ti. Bendice a nuestra ciudad al exponer todos los planes de las tinieblas a tu luz para que ningún establecimiento de maldad logre prevalecer. Quita las fortalezas del mal de nuestra ciudad para que terminen los crímenes, los asesinatos, la perversión y la maldad. Haz que nuestras calles estén libres de accidentes y gente malvada. Bendice a los niños de nuestra ciudad. Revela a cualquiera que trate de dañarlos para que desaparezcan los malvados. Recuérdame que ore por mi ciudad a menudo, y muéstrame cómo me puedo unir en oración con otros para orar juntos. Que no peque contra ti al no orar por mi ciudad (1 Samuel 12:23).

Gracias, Señor, que tú has hecho que tengamos dominio sobre las obras de tus manos y que has puesto todas las cosas bajo nuestros pies (Salmo 8:6). Ayúdanos a aprender a tener dominio en oración de la forma en que nos has pedido que hagamos. Ayúdanos a no tener miedo cuando suceden cosas malas porque sabemos que tú eres nuestro amparo y fortaleza, nuestro pronto auxilio en la tribulación. Aun si la tierra se desmorona y los montes se hunden en el fondo del mar, no tenemos que temer. Gracias que cuando te buscamos de todo corazón, te encontramos (Jeremías 29:13). Levántanos para ser tu poderosa iglesia que ora. Te lo pido en el nombre de Jesús.

~ ~ ~

El poder de la Palabra

Tomen el casco de la salvación y la espada del Espíritu,
que es la palabra de Dios. Oren en el Espíritu en todo
momento, con peticiones y ruegos. Manténganse alerta
y perseveren en oración por todos los santos.

EFESIOS 6:17-18

Más bien, al vivir la verdad con amor, creceremos hasta
ser en todo como aquel que es la cabeza, es decir, Cristo.
Por su acción todo el cuerpo crece y se edifica en amor,
sostenido y ajustado por todos los ligamentos,
según la actividad propia de cada miembro.

EFESIOS 4:15-16

El Padre celestial sabe que ustedes las necesitan [todas
estas cosas]. Más bien, busquen primeramente el reino de
Dios y su justicia, y todas estas cosas les serán añadidas.

MATEO 6:32-33

En cuanto a mí, que el SEÑOR me libre de pecar
contra él dejando de orar por ustedes.

1 SAMUEL 12:23

Sin embargo, en todo esto somos más que vencedores
por medio de aquel que nos amó. Pues estoy convencido
de que ni la muerte ni la vida, los ángeles ni los demonios,
ni lo presente ni lo porvenir, ni los poderes, ni lo alto ni
lo profundo, ni cosa alguna en toda la creación, podrá
apartarnos del amor que Dios nos ha manifestado
en Cristo Jesús nuestro Señor.

ROMANOS 8:37-39

Seis

Únase en
oración para mover
una nación

Un importante momento de cambio en la vida de nuestra
congregación sucedió en noviembre de 1973, en un tiempo en que todo en nuestra nación parecía estar fuera de control.
La guerra de Vietnam y las terribles revueltas en las universida-
des en protesta contra la guerra habían estado destrozando el
corazón de nuestro país por algún tiempo. Algunos columnistas
en los periódicos, quienes por lo general no hacían observacio-
nes espirituales, dijeron que el alma de Estados Unidos estaba
en un punto similar de estrés al que experimentó el país durante
la Guerra Civil. En un importante periódico se publicó un
artículo titulado: «¿Vivirán los Estados Unidos hasta cumplir
doscientos años?».

La nación también se encontraba en medio de la crisis de
Watergate, y todos tenían dudas perturbadoras en cuanto al
futuro de la presidencia. En la reunión de oración de aquel
miércoles por la noche en particular, un joven interpretó una
canción que el Señor le había dado, inspirada en el libro de
Nehemías del Antiguo Testamento cuando la gente se reunió a

orar en la puerta del Agua. [En inglés, el significado de la palabra «Watergate» es puerta del agua].

La puerta del Agua era una de las muchas puertas construidas en la muralla alrededor de Jerusalén. Sin embargo, derrumbaron la muralla y quemaron sus puertas cuando Nabucodonosor destruyó la ciudad y llevó a los israelitas al exilio. Años más tarde, después que regresaron algunos de los exilados, Nehemías, quien había llegado a ser el copero del rey de Persia, escuchó que la muralla todavía no se había reconstruido. Esto le causó tanto sufrimiento que lloró y se lamentó por muchos días, ayunó y oró delante del Señor, y confesó los pecados de los hijos de Israel que no habían cumplido los mandamientos de Dios.

Nehemías le pidió permiso al rey para volver a Jerusalén y reconstruir los muros. Una vez que le dieron permiso, fue allí y organizó a la gente para hacer el trabajo de reconstrucción. Cuando se terminaron las reparaciones, las personas se reunieron delante de la puerta del Agua para leer el Libro de la ley y adorar a Dios (Nehemías 8:1-6).

La canción que aquel joven cantó esa noche en nuestra iglesia llamaba a la gente (nosotros) a reunirnos alrededor de la puerta del Agua (refiriéndose a la crisis llamada Watergate en nuestra nación) para adorar a Dios, declarar su Palabra y orar. Si hacíamos eso, Dios cambiaría las cosas. El Espíritu Santo también convenció a nuestras almas de que Dios nos llamaba a orar, como si nadie más estuviera orando, para que nuestra nación diera un giro total. *No* es que no hubiera nadie más orando, sino que nosotros debíamos orar *como* si no lo hubiera.

La Palabra de Dios grabada en nuestros corazones aquella noche fue: «Si mi pueblo, que lleva mi nombre, se humilla y ora, y me busca y abandona su mala conducta, yo lo escucharé desde el cielo, perdonaré su pecado y restauraré su tierra» (2 Crónicas 7:14).

Para que nos mantuviéramos recordando ese versículo, el pastor Jack nos pidió que nos reuniéramos cada miércoles de noche a las siete y catorce para orar de forma específica por nuestra nación.

Comenzando con las primeras semanas del año 1974, avanzamos, orando juntos como congregación. Oramos de manera específica que se resolviera la crisis de Watergate, que se revelara la verdad y que se hiciera lo que se debía.

El pastor Jack también comenzó una enseñanza a fondo sobre la intercesión que tuvo sus orígenes en el descubrimiento que dijo que estaba haciendo. Basándose en 1 Timoteo 2:1-4, destacó tres cosas importantes para que recordáramos:

1. La intercesión y la oración a favor de todas las personas, en especial por los líderes del gobierno, es una tarea de absoluta prioridad que se le ha dado a la iglesia (versículo 1).
2. Se puede influir en el ambiente de una cultura al orar de esta manera: «para que tengamos paz y tranquilidad» (versículo 2).
3. El objetivo de tal oración es el avance del evangelio y la entrada de cada vez más personas a la salvación ofrecida por medio de la gracia de Dios para alcanzar los propósitos del reino (versículos 3 y 4).

En resumen, la unión de la congregación para el propósito de la intercesión se vio como un llamado divino, una prioridad bíblica y un humilde privilegio.

Durante ese tiempo, los mismos bien conocidos compositores de nuestra congregación, a quienes mencioné en el capítulo 1 y que me presentaron al pastor Jack, Jimmy y Carol Owens, escribieron una composición musical titulada *If My People* [Si mi pueblo]. Esta inspiradora obra se inspiró en 2 Crónicas 7:14 y hablaba de las cosas poderosas que pueden suceder cuando la gente se humilla y se compromete a orar por su nación. Tomó las palabras de ese versículo y las grabó en nuestros corazones, y captamos la visión de cómo la oración por nuestro país *puede* ser determinante en realidad.

Terry, mi amiga cantante que me guió al Señor, y yo y muchos otros cantantes cristianos grabamos esa obra musical, y un grupo grande viajó por todo el país presentando obras teatrales de esa composición. Durante ese recorrido, más de cien mil intercesores se comprometieron a orar todos los días y en forma constante por la nación.

A medida que seguíamos intercediendo por nuestra nación con un propósito claro, parecía que mientras más orábamos, muchas más cosas encontrábamos por las cuales orar. Por supuesto que orábamos por el presidente, pero también aprendimos a orar por el vicepresidente, los miembros del congreso, los asesores y todos los que le daban consejo. Oramos por los funcionarios elegidos, los jueces, los miembros de los tribunales y los líderes militares, así como por los hombres y las mujeres en las fuerzas armadas. Leímos periódicos, escuchamos las emisoras radiales y miramos noticieros en la televisión con la intercesión en la mente. *Orar sin cesar ya no parecía algo tan difícil porque llegó a ser la corriente natural de un corazón intercesor.*

No mucho tiempo después de eso, las cosas comenzaron a cambiar de forma positiva en la nación de muchas maneras. La verdad *salió* a la luz en referencia a la crisis de Watergate, y aunque todos nos sorprendíamos al ver la caída del presidente y sus hombres, sabíamos que la mano de Dios había preservado a la nación y nos había capacitado para seguir en pie. Después de las elecciones presidenciales del año 1976, el titular en el mismo periódico que vaticinó el desastre, dijo: «Un nuevo espíritu ha llegado a los Estados Unidos». Los publicadores del periódico estaban más en lo cierto de lo que podrían haber sabido. El Espíritu de Dios había venido como una brisa refrescante a traer sanidad en respuesta a la intercesión de infinidad de personas.

Lo que no leemos en nuestros libros de historia es el número de veces que nuestra nación ha recibido el impacto debido a que la gente se reunió a orar en tiempos cruciales. A esta nación la fundaron, establecieron y guiaron personas de oración. En los primeros años, los líderes del gobierno *llamaban* a orar a la gente de forma específica. Por ejemplo, mientras se escribía la Constitución y se encontraron en una dilación debido a grandes desacuerdos, George Washington y Benjamín Franklin convocaron a los hombres a un tiempo de oración todas las mañanas. Después de su primera mañana de oración, los hombres lograron llegar a un acuerdo y luego crear el documento que ha mantenido a nuestra nación fuerte por más de doscientos años. Reconocieron que no habrían podido hacerlo sin la dirección de Dios.

En otro ejemplo, en un tiempo de muchas tensiones nacionales, Abraham Lincoln llamó a un día nacional de ayuno y oración para confesar los pecados de la nación de la esclavitud y el orgullo y para pedirle perdón a Dios. Durante los dos días siguientes a ese día de oración y ayuno, todo cambió y se pavimentó el camino para la preservación de la unión y la libertad de los esclavos.

Estos son solo dos de las incontables veces *registradas* sobre personas que oran por la nación. Dios solo sabe cuántos más ejemplos existen que *no están registrados*. Lo que quiero destacar es que nuestro legado es orar por nuestra nación. Y también es nuestro privilegio y deber. Los pastores y los ancianos no son los únicos encargados de hacer el trabajo de la iglesia y dar conferencias. Usted y yo también debemos participar de alguna manera todos los días. *Eso se debe a que orar por nuestra nación no es una opción. Es un mandato de Dios.*

Si el pueblo de Dios se parara en la brecha

Pararse en la brecha es ir delante de Dios y orar a favor de otras personas.

Durante miles de años, la primera línea de defensa de una ciudad era la gran muralla que se construía alrededor de ella. No se podía tomar una ciudad a menos que se derrumbara ese muro. Una brecha era un agujero o rotura en la muralla que necesitaba reparación. Cualquier brecha que no se reparara sería un lugar por el cual el enemigo podía entrar.

Un intercesor es alguien que se para en la brecha entre la justicia de Dios y el fracaso del hombre, y mediante la oración trae los méritos de la cruz sobre las personas y las situaciones.

Se necesitan intercesores porque el mundo está lleno de hombres y mujeres que no entienden los efectos de su propio pecado. O no entienden todo lo que Dios puede hacer por ellos y por eso no saben pedir. No se dan cuenta de la extensión de la provisión de Dios para ellos, así que necesitan alguien que se ponga en su situación en oración. Y aun las personas que *saben* orar algunas veces pueden estar tan abrumadas por sus circunstancias que *no pueden* hacerlo. Necesitan un intercesor que se pare en la brecha en su lugar. Ahí es donde entramos usted y yo. Nosotros podemos responder al llamado de Dios y asociarnos a los propósitos de su reino orando por las personas y las situaciones que necesitan el toque de Dios.

El pastor Jack siempre decía que uno de los versículos más tristes de la Biblia es cuando el Señor le habla al pueblo de Israel por medio del profeta Ezequiel explicándoles por qué el juicio no se podía evitar de su tierra. Dios dijo: «Yo he buscado entre ellos a alguien que se interponga entre mi pueblo y yo, y saque la cara por él para que yo no lo destruya. *¡Y no lo he hallado!*» (Ezequiel 22:30, énfasis añadido).

¿No es sorprendente que Dios no pudiera siquiera encontrar a una persona para que orara a favor de su nación? Y entonces Él tuvo que juzgar a la tierra debido a todo el mal que sucedía allí. «Por eso derramaré mi ira sobre ellos; los consumiré con el fuego de mi ira, y haré recaer sobre ellos todo el mal que han hecho. Lo afirma el SEÑOR omnipotente» (Ezequiel 22:31).

Dios dice que esta destrucción se pudo haber evitado si Él hubiera encontrado un solo intercesor.

«Usted no puede leer estas palabras sin pensar desde lo más profundo en lo inevitable que es la ejecución de la justicia divina», dijo el pastor Jack. «No se trata de que Dios sea inmisericorde ni vengativo. Se debe a que no se eludió el juicio que se pudo haber evitado. Y no se impidió en una tierra donde la gente tenía el beneficio de todas las bendiciones de la gracia de Dios sobre ellos. La insensatez de la gente en la tierra de aquel tiempo fue que creyeron que Dios toleraría su compromiso continuo con el mal. Dieron por sentado que, una vez experimentado su favor, no tenían la responsabilidad de sus leyes divinas de justicia y juicio. Fue su pueblo *escogido* el que rechazó la sabiduría de sus caminos y al final trajo el juicio sobre sus propias cabezas».

¿Cómo vamos a leer lo que Dios dijo y no pensar en nuestro propio país, los Estados Unidos, con todos sus pecados? Tan seguro como que hay una ley de la gravedad, también hay una ley espiritual de que se cosecha lo que se siembra. Y debido a que no vemos que la ley se prueba a sí misma con tanta rapidez y claridad como vemos que lo hace la ley de la gravedad, no quiere decir que no exista. Es solo que el tiempo que pasa entre lo que hemos segado y lo que cosechamos nos puede cegar a la existencia de esa ley espiritual.

Las cosas malas no vienen de Dios. Suceden porque hemos sembrado malas semillas o como resultado de la obra del enemigo.

De cualquier manera, Dios nos da la oportunidad de evitar ambas cosas parándonos en la brecha a través de la oración. A pesar de todo lo que está mal en nuestro país, todavía disfrutamos de las bendiciones que tenemos debido a que incontables personas se han parado en la brecha a favor de nuestra nación.

Cuando Dios buscó una persona que orara, y no pudo encontrar *ninguna,* los enemigos tomaron la tierra. ¿Se da cuenta de esto, del papel tan importante que podemos asumir cada uno de nosotros a medida que aprendemos a orar juntos por la protección de nuestra nación hoy? A medida que oramos, de acuerdo con la Palabra de Dios e invocando su poder como intercesores, podemos influir en el resultado de los acontecimientos y se puede evitar el juicio en nuestra tierra.

«Dios no dice que el juicio *nunca* vendrá», explicó el pastor Jack. «Sin embargo, se puede retrasar por un tiempo. Nuestro llamado es responder a nuestra "hora" en la historia. No podemos cambiar el pasado, y no podemos prever el futuro, pero podemos responder a la tarea de la Palabra de Dios y orar con el entendimiento de que *tenemos* la responsabilidad por nuestra generación. En este tipo de oración, aunque es apropiado que amemos a nuestro país, no podemos garantizar lo que suceda en el futuro. Aun así, la promesa de 1 Timoteo 2 se enfoca en nuestra preocupación suprema: que se rescaten a las personas del juicio a fin de que se salven mediante la predicación del evangelio».

Por supuesto, a diferencia de las antiguas ciudades de los tiempos bíblicos, nosotros no tenemos murallas alrededor de nuestras ciudades. Con todo, orando juntos podemos formar y sostener una muralla de defensa alrededor de nuestra nación (una muralla del poder justo de Dios para salvar y libertar). Podemos responder al llamado de Dios de «pararnos en la brecha» y de vivir en obediencia a sus caminos. Podemos invitar el escudo protector de Dios sobre la tierra y su muralla de gracia misericordiosa alrededor de ella. Aunque, si este escudo o muralla de oración no se erige por completo, el juicio que merecemos puede atravesarla. Es preciso que entendamos que serán las personas comunes y corrientes, como usted y yo, las que van a ser determinantes cuando nos paremos en la brecha y oremos.

Si el pueblo de Dios tuviera ojos para ver

Hace poco tiempo se pronosticó un terrible huracán en las costas del estado de la Florida. Se temía que destruyera todo lo que estaba a su paso, y mucha gente oró y sucedió que fue solo una tormenta de lluvia. Súbitos cambios como este suceden sin ninguna clase de explicación, y no debemos pensar ni por un segundo que son simple coincidencia. ¿Cuántas veces hemos leído en el periódico las palabras «Es un milagro»? ¿Y cuántas veces es eso más cierto de lo que la gente se da cuenta? Como dijera Scott Bauer, quien fue el sucesor del pastor Jack en la iglesia *Church on The Way*: «Cuando el pueblo de Dios intercede, los titulares que *no* lee hoy [de devastación o destrucción] se deben a la intercesión que el pueblo de Dios hizo ayer».

Nuestra nación, y es probable que todas las naciones de la tierra, merecen el juicio de Dios. Y, sin embargo, no lo hemos visto de la forma que lo merecemos debido a las oraciones de los intercesores fieles. Cada día que pasa el pecado aumenta en nuestra nación. ¿Quién no se siente escandalizado por los nuevos niveles de depravación sobre la que leemos o vemos en los medios de comunicación? No obstante, cada vez más personas están entendiendo el poder de la oración y la intercesión, y están aprendiendo a moverse de una manera que es determinante. La mayor parte de la gente no se da cuenta de las innumerables bendiciones que disfrutamos en esta nación debido a las personas que están orando.

Dios está buscando *más* personas que se paren en la brecha en oración. Está buscando *más* personas que abran los ojos al ámbito invisible y vean lo que Él quiere hacer en nuestro mundo hoy.

Cuando nos cegamos a la verdad, erramos al blanco. Comenzamos a quejarnos y a amedrentarnos. ¿Con qué frecuencia nos quejamos de cosas que suceden en nuestra nación en lugar de orar por ellas? ¿Cuántas veces nos ponemos nerviosos, ansiosos o nos preocupamos por lo que tememos que *podría* pasar en lugar de encomendar la situación a la oración? ¿Cuántas veces dejamos que la evidente proliferación del mal nos desanime hasta que nos sentimos sin poder y abrumados ante eso en lugar de orar? ¿Cuántas veces sentimos que la oración requiere demasiado de nosotros, y además, quejarnos nos hace sentir bien? ¿Cuánto más fácil es echarle la culpa a Dios, a los políticos o al presidente por lo que pasa en nuestra nación en lugar de orar? ¿Con cuánta frecuencia pensamos: *Mis oraciones no van a marcar ninguna diferencia*, en lugar de pedirle a Dios que nos abra los ojos a la verdad del ámbito invisible?

Hay una fuerza espiritual que se opone a las cosas de Dios. Aunque nosotros no lo vemos en lo natural, esta fuerza se puede discernir en lo espiritual mediante la Palabra de Dios y cuando oramos por revelación. Hay *otra* fuerza que también se discierne de forma espiritual. En el Antiguo Testamento, el profeta Eliseo y su siervo vieron que un ejército tenía rodeada por completo la ciudad con caballos y carros.

«¿Qué vamos a hacer?», preguntó su temeroso siervo.

«No tengas miedo», respondió Eliseo. «Los que están con nosotros son más que ellos».

«"SEÑOR, ábrele a Guiezi los ojos para que vea". El SEÑOR así lo hizo, y el criado vio que la colina estaba llena de caballos y de carros de fuego alrededor de Eliseo» (2 Reyes 6:15-17).

Debemos orar para que Dios nos abra los ojos a fin de que veamos cómo nos protege. Necesitamos ver la verdad sobre Dios, la verdad sobre nosotros mismos y la verdad sobre el enemigo para poder orar con confianza, valentía y fe.

Demasiada gente se deja seducir por un fatalismo que creen bíblico para no orar. «Qué será, será», no se encuentra en la Biblia, aunque algunos de nosotros vivimos como si así fuera. Sí, la Biblia dice que en los últimos días las cosas van a ser cada vez peores. Con todo, no dice que «Lo que será, será». Ni que «deje que pase lo que tenga que pasar». Jesús enfatizó que no sabemos «ni el día ni la hora» en que Dios va a terminar su misericordiosa etapa de la gracia hacia la humanidad. Ninguno de nosotros sabe si el fin va a ser mientras estemos vivos o no. Aun así, sabemos esto: Jesús nos dijo que trabajemos hasta que Él venga. Dejó muy claro que no debemos sentarnos y no hacer nada. Trabajar quiere decir mantener los ojos abiertos para ver formas de orar y hacer la obra que Dios nos llamó a hacer. Si dejamos de orar, ¿quién sabe que sufrimiento innecesario nos vendrá o les vendrá a quienes amamos, y a innumerables otras personas que ni siquiera conocemos?

Dios nos dice que no tenemos porque no pedimos (Santiago 4:2). No puede ser más claro que eso. Se supone que debemos pedirle a Dios por las cosas que necesitamos que ocurran, no porque *Él* no pueda verlas, sino porque nos asignó la tarea a nosotros los intercesores, la gente que debe ponerse en pie delante de Él a favor de las necesidades del mundo e invocar el poder y la gracia del cielo. Y eso no es más claro que en lo concerniente a nuestra nación. Esto es verdad sin importar en qué nación se encuentre. Y si no sabemos *orar*, podemos pedirle al Espíritu Santo que nos dé entendimiento, sabiduría, comprensión, conocimiento y dirección en la oración. Él lo hará y luego

nos ayudará a ver la *raíz* del problema para que no oremos solo
por los síntomas. Sin embargo, debemos pedirle a Dios que nos
abra los ojos para ver la verdad.

Si el pueblo de Dios respondiera al llamado

El despertar más reciente para orar por nuestra nación ocurrió el
11 de septiembre de 2001, cuando terroristas atacaron los Estados Unidos. Dios nos llamaba siempre a la oración; solo que
muchos de nosotros no lo escuchamos hasta entonces.

Cerca de las tres y treinta de la madrugada, la mañana en que
al Centro Mundial de Comercio lo derrumbaron aviones secues-
trados, me desperté con un sentimiento de opresión abrumadora,
tristeza y pavor. Sabía que Dios me llamaba a orar, así que oré
por mi familia y por las personas que amo o que pensé que
podrían necesitar oración. Oré por el presidente porque oro por
él todos los días. No obstante, aparte de eso, no supe por qué
otras cosas orar. No escuché el llamado de orar por la nación
porque ya no tenía el hábito de orar de esa manera. Mi corazón
y mi mente no estaban allí. Y sabía que debía haberlo hecho.

Por supuesto que comencé a orar en el instante en que supe
lo que pasó, como lo hizo la gente por todo el país. Y no tengo
duda que esas oraciones colectivas aquella mañana salvaron
vidas e impidieron que la situación fuera peor. Aun así, lamento
que no escuchara el llamado y me parara antes en la brecha.

De la misma manera que Dios llamó a Nehemías para ir a
Jerusalén y reparar el muro, Dios nos está llamando también a
nosotros para pararnos en la brecha y reparar la rotura en la
pared protectora alrededor de nuestra nación. De la misma
manera que solían poner atalayas en las paredes para vigilar los
posibles ataques del enemigo, Dios nos está llamando a ser sus
atalayas en los muros de nuestra nación.

Nehemías respondió a ese llamado que ponía en grave peligro su vida. Era un riesgo pedir si podía reconstruir una ciudad que una vez fuera una fuente de gran irritación para el rey. Tal vez nosotros no estemos arriesgando nuestras vidas de la forma que lo hizo Nehemías, pero ser un atalaya requiere algo de nuestra vida en términos de compromiso y tiempo. La preocupación de Nehemías por la gente de la ciudad lo motivó a orar. Nuestro amor por la gente de nuestra ciudad también debería motivarnos a nosotros a orar. Deberíamos estar tan acongojados por la desdicha de otras personas que pensáramos más en cuanto a su bienestar que en nuestra conveniencia.

«Uno de los impedimentos a la oración intercesora es la falta de conocimiento en cuanto a la misión colectiva de la iglesia, la cual es el llamado a la oración», dijo el pastor Jack. «Está entretejida en la estructura del hombre la suposición de que ya se tiraron los dados, que existe un arreglo cósmico de las cosas y que lo mejor que puede hacer es tratar de arreglárselas lo mejor posible con la forma en que van a ser las cosas. Sin embargo, Jesús enseñó todo lo contrario a eso. No hay nada en ningún lugar de la Biblia que sugiera que el hombre es víctima de una circunstancia irreparable. El concepto total de la redención es opuesto a eso. La venida de Cristo a revertir el poder de la muerte, transformando el futuro mediante su resurrección, es en sí misma una declaración de que nada es irreparable. Aun así, sus acciones también son una declaración de que aunque dice que se pueden redimir las cosas, no se hace sin la intervención de alguien. De la misma manera que "la intervención de Cristo" se describe como un acción intercesora (Isaías 53:12), basada en lo que logró a través de su muerte y resurrección, nosotros tenemos el llamado a "intervenir" para ver el poder de su triunfo aplicado hoy».

Allí es donde entramos nosotros. Somos los intercesores que Dios está llamando hoy. Nos ha hecho agentes de su reino y quiere que lleguemos a ser sus instrumentos de redención en cada situación mediante la oración de poder por el Espíritu Santo. Si podemos ir más allá de nuestras dudas de que la oración no cambia las cosas y estamos dispuestos a responder al llamado de Dios a orar, no hay límite a lo que Él puede hacer en nuestra tierra.

«Dios dice: "Estoy buscando a alguien que pueda ser un representante terrenal de lo que se ha logrado por medio de mi Hijo"», dijo el pastor Jack. «"Pero a menos que se reclame, no cambiaré eso más de lo que cambiaré el destino del alma humana que no recibe la salvación que proveyó mi Hijo". La decisión y la responsabilidad son nuestras, y esa es toda la esfera que con tanta labia tergiversa la iglesia cuando interpreta mal la grande y maravillosa verdad de la soberanía de Dios.

«La soberanía de Dios se refiere a su poder absoluto e irrevocable como el Ser Supremo, el Dios todopoderoso del universo. Incorpora toda la grandeza que es inherente a su Persona, a su poder como Creador y a las maravillas debido a que es omnisciente, omnipotente y omnipresente. No se equivoque: Afirmamos con fuerza la gran verdad de la soberanía de Dios. Sin embargo, para algunos hoy, la soberanía de Dios ha llegado a significar que Dios en forma arbitraria o al azar ejercita su poder; que de alguna manera Él ha designado en forma fatalista el curso de los asuntos de la humanidad hacia un destino que no involucra para nada la participación humana. No obstante, como lo mencionamos antes, lo que Dios hace con respecto a la tierra, lo ha decidido hacer en asociación con los seres humanos que responden a su amor y que reciben su poder y gracia en sus vidas, y luego en el mundo.

»Jesús dijo: "He aquí las llaves del reino. Ustedes tienen el privilegio de actuar en asociación con el reino del Padre, y cualquier cosa que aten en la tierra, será atada en el cielo, y cualquier cosa que desaten en la tierra, será desatada en el cielo" (véase Mateo 16:19). "Atar" es cuando tomamos acción para invocar su reino revocando el pecado o las obras malignas de la carne o de los demonios. "Desatar" es cuando tomamos acción recibiendo su poder para dejar fluir sus misericordias y gracia en medio del dolor y los problemas de la tierra. Y durante todo el tiempo, recordamos que el poder es *de Él*, pero que el privilegio de disponer de ese poder es *de nosotros*. Es su plan: Sin su poder soberano, no podemos hacer nada; sin nuestra asociación obediente, Él no *hará* nada».

Es como tener mucho dinero en el banco para pagar su cuenta, pero si nunca escribe un cheque ni saca dinero cuando la cuenta se vence, la cuenta no se paga. La autoridad que tenemos de tomar del poder de Dios es nuestra por lo que Jesús hizo en la cruz. Nosotros podemos disponer de ese poder soberano cuando oramos. No determinamos *lo que* se hará porque decimos: «Que tu voluntad sea hecha en todas las cosas». Y, sin embargo, si no escuchamos el llamado de Dios a orar y no respondemos a él, nos perderemos las bendiciones que Dios tiene para nosotros.

Cuando se eligió a Ronald Reagan como presidente, mi grupo de oración y yo sentimos con mucha fuerza que debíamos orar de manera específica por su seguridad. Siempre orábamos por la persona que fuera presidente, de acuerdo a las instrucciones de Dios de orar por las personas que están en autoridad, pero esto era mucho más de lo que casi siempre hacíamos con referencia a eso. Al principio pensamos que tal vez sentíamos una conexión tan fuerte con el presidente Reagan porque había sido un gobernador muy respetado en nuestro estado. (¡O tal vez habíamos visto muchas de sus viejas películas!) No obstante, cuando ocurrió el intento de asesinato contra su vida, *supimos* por qué Dios nos llamó a orar. Y creemos que Dios había llamado a *muchos* de sus fieles intercesores para que también lo hicieran. Sabemos que fue un milagro en respuesta a la oración que no asesinaran al presidente Reagan.

La mañana del 11 de septiembre de 2001, el pastor Jack se encontraba en Williamsburg, estado de Virginia, hablándoles a unos trescientos pastores. Cuando les dijeron del ataque aéreo al Centro Mundial de Comercio, antes de despedir al grupo para que regresara a sus hogares, el pastor Jack los guió en oración. Sintió que Dios quería que hicieran algo más que una oración nacida del impacto de la tragedia. Dios los llamaba a una ferviente intercesión con discernimiento espiritual y con valentía.

Primero le pidió al grupo que se pusiera de pie y que se tomaran de las manos en fe, y que comenzaran a alabar a Dios con la confianza de que Él es más poderoso que el presente momento de temor y tragedia. Cuando comenzó a orar, sintió que el Señor le daba la figura de una víbora levantado la cabeza y se vio con una espada en la mano.

«Señor, venimos contra este mal que está tratando de levantar la cabeza ahora», oró el pastor Jack. Luego describió viéndose de forma simbólica extendiendo su espada invisible y cortándole la cabeza a esa cosa, diciendo: «Venimos contra cualquier *otro* incidente de esta conspiración, cosas de las cuales no sabemos nada todavía».

Un gran número de personas aparte de mí escuchó el llamado a orar contra algo más que tal vez ocurriría aquella mañana. El Espíritu Santo guiaba también esas oraciones, considerando el resultado de un solo acontecimiento, el del valiente joven cristiano, Todd Beamer, quien guió la resistencia que impidió que un segundo avión se estrellara en la capital de la nación. Sin duda alguna, una reducción significativa de la destrucción planeada por los terroristas sucedió como resultado de eso. ¿Cuántas otras cosas se planearon de las que no sabemos nada? Y se detuvieron porque por todo el mundo los creyentes estaban orando desde el momento que vieron las primeras fotos de las torres en llamas. Debido a la intercesión de las personas en medio de ese asalto desde el infierno, menos de tres mil personas murieron ese día, cuando hubiera sido posible que murieran diez veces ese número.

Hoy la amenaza a nuestro país es grande. No podemos permitirnos pasar por alto que tenemos un enemigo formidable que se esconde y que espera para aparecer de pronto y tratar de destruirnos. La Biblia dice: «Si el SEÑOR no cuida la ciudad, en vano hacen guardia los vigilantes» (Salmo 127:1). Los sistemas de seguridad que tenemos en nuestro país funcionan en vano a menos que el Señor mantenga vigilancia sobre la nación. Tenemos que escuchar el llamado de Dios para orar por la protección de nuestra nación y la seguridad de su gente.

Muchos son llamados, pero pocos están escuchando. Sea usted uno de los que escuchan.

Si el pueblo de Dios se humillara

Una de las cosas más importantes que hizo Nehemías mientras se lamentaba por la condición de la ciudad y el pueblo fue *confesar los pecados de la nación* (Nehemías 1:1-11). Dios nos pide a nosotros que hagamos lo mismo. Dios quiere que nuestros corazones también se quebranten por las personas de nuestra nación. Quiere que nos humillemos ante Él y confesemos los pecados de nuestra tierra para que Él pueda sanar las brechas en las paredes de nuestra nación.

Tal vez piense: *¿Por qué debo confesar los pecados de otras personas? Yo no los cometí.* Confesar los pecados de otras personas no es como decir: «*Yo* lo hice y *ellos no* lo hicieron». Es decir: «Reconozco sus acciones como pecados delante de ti y los confieso porque ellos no lo van a hacer o no saben hacerlo».

Los creyentes nos podemos convertir en personas que nos creemos muy justas si pensamos que debido a que se perdonaron todos *nuestros* pecados, ya no hace falta identificarnos con la gente de nuestra nación cuyos pecados no se han perdonado. Con todo, los profetas de la Biblia siempre se identificaron con los pecados de su pueblo. Vivieron de acuerdo a los caminos de Dios, y sin embargo, tenían que confesar los pecados de quienes no los confesaban. Es importante recordar que «Si confesamos nuestros pecados, Dios, que es fiel y justo, nos los perdonará y nos limpiará de toda maldad» (1 Juan 1:9). La confesión es la única forma en que se puede limpiar a nuestra nación de los efectos del pecado.

Cuando la organización Cumplidores de Promesas se reunió en la capital de nuestro país, Washington D.C., al pastor Jack le pidieron que fuera el «pastor» de la actividad. Sus responsabilidades, además de ser uno de los oradores, eran guiar las actividades de todo el día para coordinar y mantener enfocados a más de un millón de hombres que estaban allí de todas partes de nuestra nación. Al hablarles a ellos y a toda la audiencia televisiva, el pastor Jack dijo: «No vinimos a tomar a la ciudad de Washington por el cuello con una agenda política. En lugar de tomar a la ciudad de Washington, vinimos para que Dios nos tomara. Vinimos primero a que nos librara de nuestros *propios* pecados para así poder ofrecer un incienso de adoración justa a Dios. Quisimos pedirle a Dios que tenga misericordia por nuestra tierra para que nuestra nación logre evitar el juicio certero.

Quisimos poner en movimiento allí una corriente de gracia que transformara a nuestra nación. Sabíamos que la oración, la alabanza y la confesión son clave para ponerlo en proceso».

Hay suficiente que confesar todos los días en nuestra tierra. Cada uno de nosotros que sabe lo que *podría* ser esta nación, tiene un sentido de pérdida por la decadencia moral de este país. Hemos llegado a ser un pueblo que no puede distinguir entre el bien y el mal. Sin embargo, el pastor Jack siempre nos aconsejaba que nos «enfoquemos en las promesas de Dios y no en los problemas; que nos enfoquemos en la victoria del Salvador y no en las acciones del adversario; que nos enfoquemos en nuestro privilegio de orar y no en nuestra insuficiencia; que nos enfoquemos en un espíritu humilde y no en el enojo por el pecado que nos rodea; que nos enfoquemos con identificarnos con el pecador y no en su culpabilidad o fracaso». Así que mientras que es necesario que *confesemos* el pecado, no debemos *enfocarnos* en el pecado. En cambio, deberíamos enfocarnos en el *pecador*, quien necesita liberarse de su pecado viniendo al Señor, y lo deberíamos hacer sin condescendencia ni una actitud de creernos buenos, sino con compasión y humildad.

«Fuera de la gracia de Dios, todos somos un pueblo pecaminoso y rebelde que no quiere reconocer a Dios ni vivir según sus caminos, así que tengamos eso presente cuando oremos por nuestra nación y su pecado», dijo el pastor Jack. «Somos una nación muy privilegiada en tantos aspectos, que uno podría pensar que estaríamos sin cesar alabando a Dios y agradeciéndole por su gracia y su bondad que no merecemos. Sin embargo, somos los líderes del mundo con relación a la corrupción. Producimos la mayor parte de la basura que le da forma al pensamiento y a las prácticas del mundo. Somos el mejor mercado para esta basura, y también somos el mejor recurso para ponerla a la venta. Lo que producimos es basura en los medios de comunicación, y lo que buscamos es basura química. Y como consecuencia de todo esto no hay razón para afirmar que merecemos otra cosa que el juicio de Dios, excepto... excepto nuestra esperanza en su promesa de que si el pueblo se humillara, confesara los pecados de la nación y orara, Él nos va a tener misericordia».

¿Quiere decir eso que si confesamos el pecado de la pornografía infantil Dios la va a detener? Con Dios, todo es posible. Aun así, si Dios no para todo el mercado de la pornografía de la noche a la mañana, *podemos* esperar que cada confesión que hagamos y que cada oración que pronunciemos *va* a influir en alguien o en algo. Si nuestra confesión y nuestra oración salvaran a un niño de la violación o expusieran los pecados de un paidófilo, habrían logrado algo muy grande. Tal vez nunca sepamos lo que Dios va a hacer en respuesta a nuestra confesión y oración. Aunque, sin duda, veremos los resultados de *no* hacerlo.

Si el pueblo de Dios entrara a la guerra

Desde el 11 de septiembre de 2001, nuestra nación ha estado en guerra, y durante la mayor parte del tiempo peleando con un enemigo que no siempre logramos ver. Tenemos la bendición de poseer una fuerza militar fuerte de la cual estamos orgullosos y agradecidos, que hará todo lo posible para mantener a nuestro país a salvo. Con todo, Dios quiere que *cada uno de nosotros* forme parte de un ejército. ¡*Su* ejército!

Dios es el Comandante en Jefe de ese ejército, y las armas que elige son la oración, la alabanza y la Palabra de Dios. Eso se debe a que «aunque vivimos en el mundo, no libramos batallas como lo hace el mundo. Las armas con que luchamos no son del mundo, sino que tienen el poder divino para derribar fortalezas» (2 Corintios 10:3-4). Ningún enemigo resiste estas armas, a menos que el enemigo nos convenza de que nuestras armas no tienen poder y dejemos de usarlas.

Principados y potestades son términos que se usan en el Nuevo Testamento para describir los poderes demoníacos invisibles que resisten los propósitos de Dios en la tierra. Mientras que la gente cae bajo el control de este campo de las tinieblas, a usted y a mí se nos ha dado el poder, mediante la cruz de Cristo, de orar contra los planes de la maldad. Hacemos guerra contra esta fuerza del mal en oración.

El ejército de Dios es una organización de voluntarios, así que tenemos que inscribirnos. Tenemos que decirle a Dios que queremos ser parte de su ejército de guerreros de oración y pedirle que nos ponga en alerta máxima para que nos pueda movilizar con un instante de anticipación. Lo mejor en cuanto a estar en el ejército de Dios es que Él va con nosotros a todas las batallas. Él dice: «Hoy vas a entrar en batalla contra tus enemigos. No te desanimes ni tengas miedo; no te acobardes ni te llenes de pavor ante ellos, porque el SEÑOR tu Dios está contigo; él peleará en favor tuyo y te dará la victoria sobre tus enemigos» (Deuteronomio 20:3-4). Él dice que todo lo que tenemos que hacer es orar, adorarle y declarar su Palabra, y Él hará el resto porque «la batalla es del SEÑOR» (1 Samuel 17:47).

Tal vez se esté preguntando: *¿Cómo voy a ser determinante? Soy una sola persona.* No obstante, cuando Samuel oró a favor de Israel mientras lo atacaban los filisteos «el SEÑOR lanzó grandes truenos contra los filisteos. Esto creó confusión entre ellos, y cayeron derrotados ante los israelitas» (1 Samuel 7:10). Cada oración que hace también trae confusión en el enemigo.

Dios nos está pidiendo muy poco en términos de sacrificar tiempo. Una manera fácil de comenzar a darle cabida a la oración

intercesora por nuestra nación en nuestro horario diario es esco-
ger del periódico o de un noticiero de televisión una o dos noticias y orar por ellas. Tendrá una amplia elección. Entonces deje
que el Espíritu Santo lo guíe desde allí. Recuerde, todo lo que
sucede en nuestra nación nos afecta de alguna forma a cada uno
de nosotros en lo personal. Es por eso que, cuando se trata de
orar por el país en el que vivimos, no podemos darnos el lujo de
no orar.

Lo maravilloso de orar por nuestra nación es que nunca va a
estar orando solo. Eso se debe a que ha llegado a formar parte
del ejército de guerreros que están *siempre* orando. Inclusive hay
un número de organizaciones nacionales que se dedican a la
oración a las que se puede unir. El pastor Jack y yo somos miembros honorarios del comité de una de esas organizaciones que se
llama The Presidential Prayer Team [Equipo de oración por el
presidente], cuyo sitio Web es: www.presidentialprayerteam.org.
Algunos de los demás miembros son Franklin Graham, Joni
Eareckson Tada, Michael W. Smith, Dr. Lloyd Ogilvie, Rebecca
St. James, Lisa Beamer, Luis Palau, A.C. Green, John C. Max-
well, Kay Arthur, Thomas Kinkade, J.C. Watts, y James Robin-
son, para nombrar unos pocos. No hay que pagar nada para ser
miembro, y todas las semanas le van a notificar sobre formas
estratégicas para orar por el presidente y por la nación. No puede ser más fácil que eso. Por favor, venga y párese en la brecha
con nosotros.

«No vamos a cambiar a nuestra nación mediante estrategias
políticas», dijo el pastor Jack. «La nación solo cambiará en un
ámbito, y ese es el espiritual. Es por eso que la Biblia dice que no
luchamos contra sangre y carne. La mejor agenda política es
limitada, aunque estamos agradecidos cuando líderes piadosos
sirven en posiciones del gobierno o públicas. No obstante, solo

la oración va a traer una renovación espiritual que cambiará a este país. Debemos movernos como personas que reconocen que ha llegado nuestro tiempo y decir: «Dios, tomamos esta hora, este momento, y nos movemos en oración con poder».

Dios dice que nuestras oraciones pueden cambiar las cosas al echar fuera el mal y sustituirlo con la bondad de Dios. Sin embargo, a menudo no nos mantenemos al día en cuanto a nuestra parte. Acusamos a Dios por lo que hace Satanás en lugar de orar para que fracasen los planes del enemigo. Si el enemigo parece estar ganando cada vez más en nuestra tierra, es porque nos hemos retirado de la batalla al no orar.

«Cuando el llamado de intercesión y capacitación del Espíritu Santo se apodera de los corazones de los creyentes y de sus interiores fluyen ríos de agua viva, una poderosa marea de oración comenzará a levantarse y a surgir para que así el Señor pueda barrer las obras de las tinieblas que procuran poseer nuestra tierra», nos exhortó el pastor Jack.

Sé lo que tal vez esté pensando. *Tengo una vida. Tengo trabajo que hacer. Tengo problemas que enfrentar. Tengo relaciones complicadas. Tengo problemas financieros. Tengo preocupaciones en cuanto a mi salud. Tengo hijos que criar. Estoy tratando de terminar el día y de orar por mí y mis preocupaciones. No tengo tiempo para también orar por la nación. Que lo hagan otras personas.*

Sé cómo se siente porque me he sentido de la misma manera. Sé que el enemigo siempre trata de mantenernos distraídos con una batalla tras otra en nuestras vidas personales. Batallas sobre nuestras finanzas, nuestra salud, nuestro trabajo, nuestros hijos, nuestras mentes, nuestras emociones, nuestros matrimonios, nuestras relaciones o cualquiera que sea el frente en el que nos ataque, puede consumir tanto de nuestro tiempo que no nos queda para mucho más. Sé que nos quiere muy preocupados con nuestras batallas personales a fin de que siempre estamos peleando a la defensiva. De esa forma nos puede extenuar.

Donde nos equivocamos es que peleamos una batalla tras otra y nunca en realidad entramos en la guerra. Creemos que cuando ganamos *una* batalla hemos *ganado* la guerra, y por lo tanto, dejamos de luchar. Y en el otro lado de eso, algunas veces cuando *perdemos* una batalla, sentimos que hemos *perdido* toda la guerra, y entonces nos rendimos. *¡Debemos darnos cuenta de que la guerra nunca acaba!* Jesús obtuvo el triunfo cuando dijo: «Todo se ha cumplido» (Juan 19:30), y rompió el poder del pecado, de la muerte y del infierno de una vez por todas. No obstante, esa victoria espera su aplicación en la tierra, y la oración es la estrategia del guerrero por medio de la asignación de Dios. El conflicto no va a terminar hasta que vayamos a estar con el Señor. Es por eso que debemos aprender a ir en la ofensiva con la oración, en lugar de esperar hasta que algo suceda para entonces tratar de defendernos.

Ya sabe con cuánto fervor ora cuando algo marcha mal en su vida. Pues bien, Dios quiere que oremos siempre con ese mismo fervor. Quiere que intercedamos todos los días con el mismo grado de pasión que tenemos cuando estamos en medio de una crisis. No quiere que sigamos perdiendo y volviendo a ganar el mismo territorio una y otra vez. Quiere que oremos *antes* del desastre para no estar limpiando sin cesar el desorden que ha hecho el diablo. La paz que Dios quiere darnos va a depender de si hacemos eso.

Es apropiado repetir otra vez en forma clara y bien audible: *¡LA GUERRA NO HA TERMINADO TODAVÍA!* Hagamos el compromiso de entrar en la guerra y permanecer en ella por el tiempo que sea necesario, y aprendamos a seguir las órdenes de Dios. Pongámonos en pie junto a otros a través de la nación y oremos para que Dios sane nuestra tierra.

El poder de la oración

Señor, te agradezco por el privilegio de hablarte en oración. Aumenta mi fe para creer que puedo ser determinante en mi nación cuando oro. Ayúdame a comprender el significado de pararme en la brecha no solo por mi familia, iglesia y comunidad donde trabajo y vivo, sino también por mi ciudad, estado y nación. Dirígeme para saber cómo interceder en todas las situaciones y por cada preocupación. Dame el valor para pedir. Capacítame para pedir de acuerdo con tu voluntad. Dame fe para creer que cosas imposibles pueden pasar cuando oro. Perdóname cuando tengo dudas en cuanto a tu habilidad para contestar.

Oro por una visitación divina de tu misericordia y gracia en mi ciudad_____, mi estado _____ y mi nación _____. Declaro que tú eres Señor de estos lugares. Es un privilegio ser parte de la influencia en mi ciudad, estado y nación para tu gloria. Dios, ayúdame a entender mi papel como intercesor para mi país. Ayúdame a ser tu instrumento de paz, sanidad y liberación. Dame las fuerzas para no cejar ni retroceder cuando vea oposición del enemigo. Ayúdame a crecer y llegar a ser un intercesor poderoso que entiende la autoridad que se le ha dado por ti en oración.

Me paro en la brecha ante ti a favor de mi país y pido tu perdón. Señor, no vengo a ti basado en lo buena que es nuestra nación, sino basado en que tú nos has dado el privilegio de pedir tu misericordia. Vengo delante de ti y me arrepiento de los pecados que ha cometido nuestra nación. En forma específica confieso los pecados de _____.

Derrama tu misericordia sobre nuestra tierra en lugar del juicio que merecemos. Líbranos de la pornografía, el aborto, los asesinatos, el robo, la mentira, la corrupción, el fraude, la destrucción y la violencia. Mantennos libres de la contaminación que daña nuestra cultura, de modo que podamos venir a tu presencia con corazones puros y con manos limpias. Revela todo el pecado que hay en nosotros y lávanos. No estoy rogando por tu gracia porque crea que la merecemos. Como un pueblo que antes te conocía, somos peores que otras naciones que pecan contra ti y que *nunca* te han conocido. Así que vengo a ti porque el corazón se me parte debido a que sufre tu pueblo. Y sé que tú eres un Dios misericordioso.

Señor, te entrego cualquier temor y enojo que pueda haber en mí por las cosas que veo que suceden en mi nación hoy. Que estas cosas que veo causen que ore en vez de criticar, quejarme o a retroceder con temor. Sé que cualquier cosa que pida en tu nombre, Jesús, tú la harás, para que el Padre pueda ser glorificado. Ayúdame a no llegar a estar más preocupado con los problemas que veo que con tu poder para cambiar las cosas. Ayúdame a ser un instrumento para traer tu poder a fin de que reine en esta tierra.

Levanta las anteojeras de todos nosotros como nación de modo que veamos la verdad sobre quién eres tú y cuál es nuestra condición. Donde el pecado abunda en nuestra nación, que tu gracia abunde aun más. Perdónanos por nuestro orgullo que nos hace creer que podemos vivir sin ti. Señor, de la misma manera que lloraste sobre Jerusalén, diciendo que si solo hubieran sabido el día de su visitación (Lucas 19:44), oro que los creyentes de esta nación lloren sobre ella en arrepentimiento y reconozcan el día de nuestra visitación. Pon en línea nuestro corazón con el tuyo y sana nuestra tierra.

Protege a nuestra tierra de la destrucción del enemigo. Trae líderes rectos a la vanguardia de la toma de decisiones y dales tu sabiduría a cada uno de ellos. Destruye las fortalezas y los planes del enemigo *en* este país y *para* este país. Haz retroceder las obras de las tinieblas y líbranos del mal. Protege a nuestros líderes militares y a nuestras tropas dondequiera que estén. Dales revelación, dirección y favor. Derrama tu paz sobre nuestra nación.

Levanta un ejército de guerreros de oración que entren a la guerra y permanezcan el tiempo necesario en ella, y que se nieguen a desanimarse en las batallas diarias con el enemigo. Ayúdanos a unir fuerzas para que se multiplique el poder de nuestras oraciones. Fortalécenos para estar en la ofensiva y que no nos vayamos de la guerra cada vez que ganemos o perdamos una batalla. Capacítanos para que nos movilicen con un aviso instantáneo de modo que logremos movernos en unidad y por el poder de tu Espíritu Santo. Ayúdanos a entender la poderosa arma que tenemos en tu Palabra a medida que nos adentramos en la batalla en oración. Si *tú* estás con nosotros, ¿quién puede estar contra nosotros (Romanos 8:31)?

Derrama tu Espíritu Santo en esta nación. Trae a los inconversos a un conocimiento salvador de tu Hijo, Jesús. Prospéranos y haz llover tus bendiciones sobre nosotros. Gracias que tus ojos están sobre los justos y que tus oídos están abiertos a nuestras oraciones (1 Pedro 3:12). Levanta las oraciones fervientes y eficaces de tu pueblo. Que tu amor y tu paz se levanten en nuestros corazones y que lleguen a ser el mayor testimonio de tu bondad. Oro en el nombre de Jesús.

៚ ៚ ៚

El poder de la Palabra

Así que recomiendo, ante todo, que se hagan plegarias, oraciones, súplicas y acciones de gracia por todos, especialmente por los gobernantes y por todas las autoridades, para que tengamos paz y tranquilidad, y llevemos una vida piadosa y digna. Esto es bueno y agradable a Dios nuestro Salvador, pues él quiere que todos sean salvos y lleguen a conocer la verdad.

1 TIMOTEO 2:1-4

Esta es la confianza que tenemos al acercarnos a Dios: que si pedimos conforme a su voluntad, él nos oye.

1 JUAN 5:14

Mientras que esos malvados embaucadores irán de mal en peor, engañando y siendo engañados. Pero tú permanece firme en lo que has aprendido y de lo cual estás convencido, pues sabes de quiénes lo aprendiste.

2 TIMOTEO 3:13-14

Así que nosotros, que estamos recibiendo un reino inconmovible, seamos agradecidos. Inspirados por esta gratitud, adoremos a Dios como a él le agrada, con temor reverente. Porque nuestro «Dios es fuego consumidor».

HEBREOS 12:28-29

Siete

¿Qué puedo hacer?

Un vívido recuerdo en particular sobresale en mi mente de un incidente ocurrido a finales de la década de 1970 mientras oraba con otras personas un miércoles por la noche en una reunión de oración. Estábamos divididos en círculos de oración y nos habíamos tomado de las manos, a cada uno se le habían asignado cosas específicas por las cuales orar referentes a asuntos inquietantes alrededor del mundo. Creía haber entendido el poder de la oración de largo alcance, pero cuando se trataba de orar por cosas que iban mucho más allá de la frontera de mi país, parecían fuera de mi alcance. Sobre todo la petición que me dieron esa noche para que orara.

«Ore para que el muro de Berlín se derrumbe y que la gente de Alemania Oriental sea libre», era como estaba escrita la petición. *Fantástico*, pensé, *también podría estar pidiéndole a Dios que me diera una propiedad en la playa del planeta Marte o que resucite a Elvis.*

No sabía siquiera cómo formular tal oración y que sonara inteligente. Luché un poco con eso, y dije algo más o menos así:

«Señor, oro que este muro entre la Alemania Oriental y la Occidental sea derribado por el poder maravilloso de tu mano. Haz que las divisiones de esta ciudad lleguen a su fin y liberta a la gente de Alemania Oriental de sus opresores gobernantes».

Casi me sonó como una oración vacía, ya que no veía la posibilidad de que eso sucediera jamás. Aunque en realidad no lo dije, muy dentro de mi mente pensaba en algo así: «Si el muro de Berlín se pudiera derribar, sería fantástico, Señor. Aunque, por supuesto, entiendo lo difícil que sería eso».

En los años que siguieron oramos de vez en cuando por esa situación. Entonces, después que el presidente Reagan dio su famoso discurso en el año 1987 desafiando a Mijaíl Gorbachov a «derribar esa muralla», oramos con más fervor. Parecía que mientras más orábamos por eso, más llevaba una carga por la gente de Alemania Oriental y la Unión Soviética. Mi corazón se contristaba por ellos porque no tenían siquiera la libertad de adorar a Dios. Es más, no podía quitar de mi mente la visión del muro y de la gente, probando una vez más que mientras más uno ora por la gente, más los ama.

La posibilidad del derribo de ese muro me parecía algo tan remoto, que no puedo describir lo sorprendida que quedé, dos años más tarde, cuando cayó. Y qué fácil fue. No se requirieron bombas. No hicieron falta las tropas de ataque para derribar el muro. No hubo asesinatos en masa. No hubo guerra. Solo un milagro de mucha envergadura. Eso fue todo. Un trabajo desde adentro. La fuerza de esa cortina de hierro y de las personas que la defendían se comprometió y debilitó tanto con las oraciones de los santos que, cuando se aplicó presión, se derrumbó.

Ese acontecimiento transformó mi vida de oración en cuanto a tener fe en el poder de la oración para cambiar cosas en el mundo. Repito, sabía que no éramos los únicos que orábamos porque Dios llama a muchas personas. Sin embargo, sabía que nuestro pequeño grupo de intercesores no oraba con el pensamiento de que nos habíamos unido a un grupo de millones. Solo orábamos *como si* nadie más lo estuviera haciendo. Y Dios hizo aumentar nuestra fe de que orábamos por algo que en realidad podía suceder. Aprendí que nuestras oraciones no se diluyen al estar orando por personas y situaciones en lugares que son *muy lejanos*. Dios siempre está *cerca* para escucharnos y eso es todo lo que importa.

Cuando Dios le dice que ore

Dios nos llama para que oremos por el mundo. Y, además de eso, Él nos da a cada uno impulsos que no debemos pasar por alto. Nos traerá a la mente situaciones específicas, personas o lugares y nos *instará* a orar de cierta manera si escuchamos sus instrucciones. Sin embargo, a menudo comienza cerca de nuestro hogar, con las personas y los asuntos de nuestras vidas primero, casi como un campo de adiestramiento en la intercesión. La última vez que pasé por alto un impulso del Señor me dejó una impresión indeleble en la mente, y lo lamenté tanto, que nunca más pasé por alto tal impulso.

Esto fue lo que sucedió.

Mi esposo, Michael, con frecuencia contrata músicos para que toquen en sus sesiones de grabación, y él contrató a uno de los mejores trompetistas de Los Ángeles llamado Paul para que tocara en la grabación del disco que estaba produciendo. Durante la semana de las sesiones, Paul y su esposa nos invitaron a su hogar para cenar. A través del curso de la velada, llegamos a conocernos mejor, y yo pude sentir la necesidad de Dios en sus corazones. Aun así, no hacía tanto tiempo que conocía al Señor, y Michael y yo solo llevábamos un año de casados. Además, eran más amigos *de él* que míos, y era una relación de negocios. Así que vacilé en hablarles del Señor pensando que lo haría cuando los llegara a conocer un poco mejor.

Unos pocos días más tarde, estaban en mi corazón de una manera muy fuerte. Es más, no podía quitármelos de la mente. En forma específica sentí que debía hablarles del Señor e invitarlos a asistir a la iglesia con nosotros. Toda esa tarde continuaron en mi corazón de una manera profunda, y sin embargo, no sentí que los conocía lo suficiente como para llamarlos por teléfono. Todavía tenía poca fe en cuanto a mi habilidad para escuchar de Dios en esa primera etapa de mi caminar con Él. Y aunque había estado en muchas reuniones de oración en la iglesia en las cuales habíamos aprendido a interceder por otras personas y otros lugares, no lo hacía todavía en forma consecuente.

Como el impulso persistía, decidí que la próxima vez que viera a Paul y a su esposa, sin duda alguna les hablaría del Señor. No obstante, ese día nunca llegó.

A la mañana siguiente, recibimos una llamada telefónica diciéndonos que Paul había fallecido durante la noche de un infarto. Tenía poco más de cuarenta años y no tenía historia médica de la enfermedad del corazón que le mató. Nosotros estábamos abrumados, sobre todo porque habíamos estado con ellos hacía pocos días y él parecía estar bien. Me sentí enferma al pensar en lo fuerte que estuvo en mi corazón y lamenté desde lo más profundo no haberlo llamado por teléfono.

Desde aquella vez he hecho todo lo posible para no pasar por alto los impulsos que me da el Señor. He recibido innumerables impulsos de orar por otras personas a través de los años, y trato de responder a cada una de ellas. Ahora cuando alguien me viene a la mente, no vacilo en orar por dicha persona. Le pido a Dios que bendiga a esa persona, que la proteja y la guíe, y mientras oro algunas veces el Espíritu Santo me da un sentido más específico de su necesidad. Si me despierto en medio de la noche con un sentimiento intenso de preocupación por algo o por alguien, siempre le pido a Dios que me muestre qué debo orar. Algunas veces recibo una imagen clara, pero a menudo no sé los detalles específicos. Y no siempre veo los resultados de mis oraciones. Eso es bueno. No es necesario que los vea. Basta con saber que estoy obedeciendo a Dios.

Otro incidente importante en cuanto a recibir un impulso del Espíritu Santo para interceder sucedió en uno de mis tiempos devocionales temprano por la mañana. Oraba por el pastor Jack y por Anna. Unos pocos meses antes, en forma específica le había pedido a Dios que me mostrara cómo podía hacer algo bueno por este maravilloso matrimonio que de cierta forma pagara todo lo que habían hecho por mí. Dios me instruyó que intercediera por ellos todos los días. Mientras hacía esto aquella mañana en particular, comencé a llorar.

Cuando le pregunté a Dios cómo orar de forma más específica por ellos, Él grabó con claridad estas palabras en mi mente: «Satanás quiere traspasar el corazón del pastor Jack».

«Muéstrame cómo orar, Señor. ¿Quiere decir eso que el pastor Jack va a tener un ataque al corazón? Ayúdame a entender».

Comencé a orar que el corazón del pastor Jack fuera fuerte, pero esa oración se sintió vacía. Sabía que su corazón físico no era por lo que debía estar orando. Así que le pregunté al Señor: «¿En que forma planea Satanás traspasar el corazón del pastor Jack?».

Esta vez llegó la respuesta: «Satanás quiere traspasar el corazón del pastor Jack a través de uno de sus nietos».

«¿Cuál, Señor?», le pregunté de nuevo, y enseguida el rostro de su nieta de tres años, Lindsey, me vino a la mente.

Recordaba de forma vívida un incidente cuando había ido a la casa del pastor Jack a llevarle algo a su esposa, Anna, y ella estaba sola cuidando a Lindsey. Anna me invitó a que pasara a la cocina, donde puse mi paquete sobre la mesa. Mientras hablaba con Anna, quien tenía en sus brazos a Lindsey, de pronto vi que el rostro de la pequeña se iluminaba. Fue como si un interruptor hubiera encendido una lamparilla detrás de sus ojos, y su rostro se iluminó con una enorme sonrisa. Me di vuelta para ver qué había captado su interés de forma tan profunda, y vi que era su abuelo, el pastor Jack. Había llegado a su hogar, y sin hacer ruido, había entrado al pasillo detrás de donde estábamos nosotras. Cuando Anna bajó a Lindsey de sus brazos, la niña corrió a toda velocidad hacia el pastor Jack y él la levantó en sus brazos. Este recuerdo me convenció de que si algo le pasaba a *alguno* de sus nietos, le traspasaría el corazón. Y, sin embargo, no estaba segura de que ese impulso para orar fuera solo por Lindsey, así que oré por la protección de Dios sobre *todos* sus nietos.

Como seguía sin sentir liberación de la carga de orar por ellos, le dije a mi esposo lo que pasaba. «¿Crees que debo llamar al pastor Jack y hablarle de esto?», le pregunté.

«Sí, llama ahora mismo», insistió mi esposo.

Llamé a la oficina del pastor y no a su hogar porque no quería preocupar a Anna en caso de que estuviera equivocada y no fuera nada. Al mismo tiempo, esto nunca me había pasado antes con esa clase de urgencia, así que sabía que tenía que obedecer el impulso de Dios.

«No estoy segura de si es Lindsey, o si ella fue la que me vino a la mente porque la vi hace poco», le expliqué, «pero no he podido dejar de orar ni de llorar por esto, y el Señor no me va a dar paz hasta que se lo diga a usted».

Cuando terminé la llamada telefónica, me sentí liberada por completo de la carga y pude continuar con los asuntos de mi día. Ni siquiera volví a pensar en eso de nuevo hasta que algunas semanas más tarde el pastor Jack me dijo que había llamado a toda la familia a una reunión esa tarde para orar por *todos* sus nietos, con énfasis particular en Lindsey.

«Habían pasado varias semanas desde que nuestra familia se reunió para orar por los nietos, y aunque todavía estábamos orando, la tensión de la advertencia no parecía tan prominente», me dijo. «Esto ocurrió en noviembre, y debido a que se acercaba la época de la Navidad, decidí que necesitaba limpiar mi garaje. Estaba a punto de terminar este trabajo, cuando Scott y Becki (el papá y la mamá de Lindsey), junto a sus tres hijos, vinieron a visitarnos. Scott me ayudó a terminar de limpiar el garaje, mientras que Becki y los niños estaban con Anna en la casa. De alguna manera, Lindsey salió afuera.

«Debido a que la pesada y enorme puerta de nuestro garaje tenía un resorte roto, la mantenía abierta con un palo. Y ahora, una vez que terminé de barrer, di una última ojeada para ver que nadie estuviera cerca antes de dejar caer la pesada puerta. Quité el palo, y cuando la enorme puerta de metal comenzó a bajar con mucho ruido, Lindsey caminó al costado del garaje, no sé de dónde, y se detuvo debajo de la puerta que bajaba directo sobre su cabeza».

En un instante, el pastor Jack alcanzó la enorme puerta de metal mientras bajaba y colocó el palo en el lugar para mantenerla abierta. Tomó a Lindsey en sus brazos, mientras los ojos se le llenaban de lágrimas.

«Es todo un milagro que pudiera detener la puerta», dijo él. «En un instante revelador supe lo que había pasado. Me volví a un tembloroso Scott con los ojos húmedos, y le dije: "¡Eso era! ¡Eso era lo que el Señor nos estaba advirtiendo! Créeme, hemos tenido una sesión de alabanza". Cada uno de nosotros reconoció que Dios había usado advertencias impulsadas por el Espíritu Santo para traernos a la oración vigilante. Tales advertencias tienden a asustar a algunas personas, pero las advertencias de Dios no son algo que debamos temer. Las advertencias no son malos augurios. Tampoco tales advertencias deben verse como que Dios nos quiera decir algo malo que ha predestinado. El Padre no planea que nos pasen cosas malas, pero su Espíritu nos advierte de ataques calculados del enemigo. En este caso, no tengo duda alguna de que la gracia y la sabiduría de Dios impulsaron una respuesta que le salvó la vida a nuestra nieta».

Si no hubiera intercedido por el pastor Jack y su familia aquel día de la forma en que me dirigió el Espíritu Santo, si no hubiera llamado al pastor Jack para contarle esto, si él no lo hubiera tomado en serio y llamado a la familia para que oraran juntos aquel día, solo Dios sabe lo que habría sucedido. No estoy diciendo que tenemos toda la culpa si algo malo sucede y no oramos, pero creo que Dios nos impulsa a muchos de nosotros para que oremos en forma específica. Es lamentable, pero pocos de nosotros confiamos en que estamos escuchando de verdad la voz de Dios y no respondemos con oración.

«Jesús dijo que se le ha dado toda autoridad en el cielo y que en la cruz rompió todo el poder del infierno y dejó sin poder las obras de la carne», explicó el pastor Jack. «Él puso a esos poderes de las tinieblas bajo sus pies, pero nos dice que si esas cosas se van a *mantener* bajo los pies, debemos intervenir y orar. Cuando vemos que las obras del infierno se desatan y manifiestan, cuando vemos que la carne fracasa hasta lo sumo, Dios dice que tenemos el derecho de intervenir de inmediato en esa situación con oración. Al intercesor que interviene se le ha dado un papel, y es el de traer el triunfo de la cruz de Jesucristo a que influya en la situación. *La intercesión es orar a favor de otro, con la dirección y la capacitación del Espíritu Santo, mientras que se reconoce que todas las consecuencias dependen de esas oraciones*».

La oración no es conjetura, superstición ni una presunción arrogante de que somos poderosos. Cuando las personas oran, suceden cosas, pero el poder es de Dios. Muchas cosas les suceden a las personas porque, cuando nos lo advierten, *no* oramos. Dios quiere conseguir nuestra atención para que *oremos*.

Cada vez que reciba un impulso, no lo pase por alto. Dios le puede estar diciendo que ore. Pídale al Espíritu Santo que le muestre cómo.

Cuando los asuntos son grandes y usted se siente pequeño

Si es como era yo, cuando se trata de orar por el mundo tal vez piense: *Los asuntos de este mundo son tan enormes y yo soy tan pequeña. ¿Quién soy yo para pedir por cosas tan grandes? ¿Quién soy yo para pensar que en realidad puedo ser determinante cuando oro por cosas importantes y que parecen inalcanzables?*

Si alguna vez ha pensado de esta manera, permítame animarlo. Usted sirve a un Dios grande. No es preciso que se intimide por el gran alcance de las cosas por las que ora. Quizá sean más grandes que *usted*, pero nunca son mayores que *Dios*.

«Existe otro ámbito de la intercesión que va más allá de lo que la gente cree que puede abarcar», explicó el pastor Jack. «Si le sugiere a un individuo promedio que puede orar por las naciones en otros continentes, parece algo demasiado gigantesco para ser real. Hay una escasez de entendimiento entre la gente en general sobre el lugar y el poder de la oración. Muchas personas solo tienen pensamientos místicos o etéreos en cuanto a la oración. Creen que la oración es una clase de actitud noble que de alguna forma genera o emana un poder invisible. Más que ser el poder *de Dios*, creo que la oración a menudo se ve como un tipo de "fuerza" que flotaría alrededor y que es posible, a lo mejor, que envuelva a alguien con una "influencia positiva".

»Sin embargo, la clase de oración que revela la Biblia, la oración que Jesús nos llamó a que hagamos *juntos*, es un medio dado por Dios de tocar el centro de su propósito divino para que resuene en las circunstancias humanas. Repito, Él nos invita... no, *nos llama*, a asociarnos para que se liberen esos propósitos. Dicho en forma simple y franca, hay ciertas cosas que no van a suceder a menos que ore la gente».

El gran consuelo que tenemos al orar por el mundo es recordar que no estamos solos. Tal vez yo me sienta débil por los enormes asuntos que se debe orar, pero cuando sé que quizá haya miles, e incluso millones, de personas uniéndose a mí, y en esencia estamos orando juntos, me da valor y mayor fe.

La buena noticia es que uno puede comenzar por poco. No tiene que orar por todo el mundo en un día. No tiene que comenzar orando por el hemisferio occidental ni el continente africano en su totalidad. Puede comenzar en su propio mundo, el que conoce. Seleccione una nación, una ciudad, una zona, un grupo étnico, una persona o una situación con la que esté familiarizado, y ore por algo específico referente a eso. Pídale al Espíritu Santo que lo ayude porque «en nuestra debilidad el Espíritu acude a ayudarnos. No sabemos qué pedir, pero el Espíritu mismo intercede por nosotros con gemidos que no pueden expresarse con palabras» (Romanos 8:26).

El pastor Jack nos dijo que en sus primeras semanas como pastor de nuestra iglesia, solo había seis personas que asistían a los cultos de oración de mediados de semana. Todos se sentaban en la segunda y tercera filas en uno de los lados del santuario. Cuando llegaba al tiempo para la oración, él le pedía al pequeño grupo que expresara sus peticiones de oración.

—Oremos por el terremoto en Guatemala —dijo uno de los hombres.

—Bien, ¿cómo debemos orar? —le preguntó el pastor Jack. Hubo una pausa mientras la gente pensaba.

—¿Qué otra cosa podemos decir que vaya más allá de: "Dios, ayuda a la gente de Guatemala"? —les preguntó.

—Oremos por los que sufren debido a los que han muerto en el terremoto —dijo una persona.

—Oremos para que se les preste ayuda médica apropiada a los heridos —dijo otro.

—Oremos para que personas envíen ayuda como medicinas, frazadas y comida —dijo un tercero.

—Pidámosle a Dios que nos muestre qué podemos hacer *nosotros* para ayudar —dijo la siguiente persona.

—Oremos para que ese terremoto aumente el *deseo* que la gente tiene de Dios, en lugar de echarle leña al *enojo* hacia Dios —dijo otro.

Cuando se expresó cada sugerencia, el grupo tuvo varias formas buenas de interceder por ese país.

A la semana siguiente en el culto de oración, estas mismas personas hablaron de lo sucedido en Guatemala durante la semana. Hubo informes noticiosos sobre la alta eficiencia de los equipos médicos durante la crisis. También el gobierno restableció el orden en la zona así que se detuvieron los saqueos. Y este grupo de oración tuvo nueva compasión por la gente de ese lugar. Cada uno había pensado de formas específicas en las cuales pudieran ayudar a la gente de Guatemala enviando comida y dinero a organizaciones que los llevarían allí. El pastor Jack guió a la congregación para que la semana siguiente trajeran a la iglesia comida enlatada, frazadas y ropa (cosas que la Cruz Roja solicitaba para Guatemala) a fin de enviar todo eso a las víctimas del terremoto. Y respondieron dando con mucha generosidad.

Al enseñarle a este pequeño grupo a orar sobre asuntos grandes, el pastor Jack les mostró la importancia de reconocer que hay más que decir en oración que el simple: «Dios, ayuda a Guatemala». Les enseñó a pedir cosas específicas. Y cuando vieron respuestas específicas a sus oraciones, su fe aumentó.

«Estoy persuadido de que los propósitos de Dios en la tierra solo esperan a gente que ore», dijo el pastor Jack. «Tal vez diga: "Bueno, usted no *solo* ora". Y eso es cierto. Sin embargo, nunca he visto a gente que *en realidad* oraba que "solo orara", sino que he visto a mucha gente que trataba de mantenerse ocupada en muchas cosas y que *no* oraban. Y las muchas ocupaciones nunca serían tan productivas si no se basaran en la oración intercesora».

Si los millones de creyentes en Jesucristo en el mundo actual se negaran a pensar en cosas pequeñas y cada uno ocupara su lugar en la oración intercesora todos los días, aunque fuera por unos minutos, ¿se imagina la asombrosa liberación de poder que comenzaría a barrer la faz de este planeta mientras el Espíritu de Dios se moviera en zonas donde no hay un punto de penetración ahora?

Nunca se sienta intimidado por el tamaño de los asuntos sobre los que Dios lo llama a orar. Debido a que Él está a su lado, no hay fuerza de las tinieblas que se resista al poder de nuestras oraciones.

Cuando nuestra misión parece imposible

Todos hemos visto partidos de fútbol americano en el cual un recibidor corre para atajar el balón con la intención de llevarlo sobre la línea del gol para hacer un tanto. Entonces, de pronto un jugador del equipo contrario salta frente a él y ataja el balón, y da vuelta a lo que una vez iba en una cierta dirección. Se intercepta el balón y el jugador que lo interceptó lo lleva en dirección *contraria*. No solo para lo que el oponente hacía, sino que puede hacer dar vuelta el partido para que sea una victoria para el otro equipo.

La oración intercesora también hace eso. Una persona, como usted o yo, interviene e intercepta. Tomamos o interceptamos una situación que va en cierta dirección, y orando, la llevamos en otra dirección hacia la victoria.

Recuerdo que una vez estuve en una reunión en nuestra iglesia cuando el pastor Jack nos dijo que unos misioneros en Bogotá, Colombia, habían llamado pidiendo que oráramos por lo que parecía una situación imposible. Nos dijeron que iba a ver una convención mundial de brujas en la ciudad y querían que oráramos para que no tuviera lugar. Aquella noche intercedimos en un tiempo poderoso de guerra espiritual. Sentía como que había una sobrecogedora oposición en el espíritu cuando comenzamos a orar, pero esa pesadez se disipó a medida que seguíamos orando y elevando nuestras alabanzas a Dios.

Unos días más tarde, los misioneros nos llamaron para relatarnos lo sucedido cuando se reunió la convención. De forma inesperada, un enorme enjambre de abejas invadió el hotel donde se reunían. Las abejas continuaron llegando con tanta rapidez y en cantidades tan grandes que no pudieron eliminarlas. No importaba lo que la gente hiciera, no lograron dominarlas. La situación llegó a ser tan mala que tuvieron que cancelar del todo la convención. Al relatarnos esto después que sucediera, el pastor Jack mencionó un pasaje en la Biblia que dice: «Fui yo quien por causa de ustedes envié tábanos [abejas], para que expulsaran de la tierra a sus enemigos» (Josué 24:12).Él admitió que no había pensado en ese versículo antes, pero que con seguridad Dios había sentado un precedente para que esto sucediera de nuevo en respuesta a la oración.

Lo que ese simple y a la vez profundo milagro hizo para fortalecer nuestra fe está registrado para siempre en nuestra memoria. Nos recordó *de nuevo* que no importa cómo parezca una situación, con Dios nada es imposible. Y nosotros no tenemos que saber todas las respuestas porque Dios tiene soluciones que no podemos siquiera imaginar.

Dios quiere derramar su Espíritu Santo en *todas* las naciones para que puedan ser traídas a un conocimiento salvador de Él. Dios promete darnos todas las naciones que le pidamos, aun pueblos que parecen demasiado imposibles de alcanzar con la verdad de Jesús (Salmo 2:8). Dios no ha abandonado a las naciones de la tierra. Nosotros hemos abandonado nuestro llamado a orar. Así que, cuando respondemos a lo que Dios nos está llamando para orar, sin importar lo grande ni lo imposible que parezca, no hay límites a lo que va a hacer Él.

Cuando dejamos de vernos como víctimas de las circunstancias

El pastor Jack nos enseñó que la palabra *intercesión* significa «encontrar por casualidad». La esencia de la palabra «interceder», tanto en hebreo (*pahgah*) como en griego (*entunchano*), se enfoca en lo no planeado y al parecer accidental de la naturaleza del encuentro. ¿Se ha encontrado alguna vez de pronto en una situación difícil que nunca pensó que podría haber previsto, y se preguntó cómo es que estaba allí? ¿Se da cuenta de que tal vez sea para orar? Como intercesor, nunca es una víctima de las circunstancias. Las cosas no le pasan *por accidente*. Dios prevé cada momento de su vida, así que cuando llega a una circunstancia que le parece perturbadora, pregúntele a Dios qué debe hacer como *su intercesor*.

«El mundo está lleno de cosas que Dios no planeó», dijo el pastor Jack. «Está lleno de situaciones que son el resultado del pecado humano y del fracaso, para no mencionar cataclismos que no son parte de lo que Dios en un principio quiso para este planeta, como tampoco lo es el pecado. Están a nuestro alrededor. Y nosotros podemos encontrarnos en medio de una situación que nos afecta mucho, pero que no la creamos en absoluto. Si trata de huir de la situación, tal vez esté pasando por alto el hecho de que el Señor lo ha colocado en medio de un lugar difícil por una razón. Y si comienza a orar, puede llegar a ser el instrumento por el cual el cambie el ambiente de ese escenario».

Les daré un ejemplo muy pequeño de no vernos como un simple testigo accidental de una situación, sino como un intercesor que es socio de Dios. Mientras escribo este capítulo, hay un hombre que veo por la ventana a unos veinte metros de mi casa, en el jardín de mi vecino, que está subido a un árbol muy alto cortándole ramas. Está haciendo un ruido horrible y ensordecedor con su sierra circular.

Yo, por otro lado, tengo una mañana diferente cuando todo en mi casa está tranquilo y tengo la oportunidad de pensar sin interrupción. Me acababa de sentar a mi escritorio para escribir, cuando la sierra de ese hombre comenzó a sonar de forma estrepitosa. Al principio, me sentí irritada. No estaba irritada con el hombre porque él hacía su trabajo. Entonces, pensé: *¿Por qué no podría haber estado haciendo este ruido un día cuando estoy haciendo mandados? ¿Por qué tiene que ser en mi única mañana de quietud cuando había planeado trabajar bastante a fin de cumplir con la fecha de entrega de este libro, la que se cierne sobre mi cabeza y de la cual estoy muy atrasada?*

En medio de mi murmuración, que en esencia es murmurarle a Dios, el Espíritu Santo aguijoneó mi corazón. Debido a que escribo este capítulo sobre aprender a orar por otros, recordé que nada en la vida de un intercesor ocurre por coincidencia. Ahora es obvio que Dios me está probando en este mismo asunto.

«Está bien, Señor, entiendo lo que me dices», le dije y comencé a orar por el hombre que estaba en la parte más alta del árbol. Oré para que no tuviera un accidente con la sierra. Oré para que no se fuera a resbalar y se cayera. Oré por su vida. Oré por su salvación. Mientras más oraba por él, menos irritante era el ruido. Luego tuve este pensamiento: Tal vez este hombre no me esté impidiendo que escriba este libro. Quizá escriba este libro para poder orar por *él*.

Como intercesor, Dios lo va a poner en muchas situaciones diferentes o le permitirá saber ciertas cosas para que pueda interceder. Sea consciente de esto y vea cómo se puede distinguir en el lugar que está, solo porque oró.

Cuando aprendemos a orar más allá de nosotros mismos

Al final de la década de 1990, se escribieron varios libros advirtiendo a la gente sobre cosas terribles que quizá ocurrirían en el mundo cuando el calendario cambiara al año 2000. Estudiaron la posibilidad de lo que podría ocurrir hasta los límites absolutos. Sin embargo, cuando el calendario dio vuelta a la hoja y llegó el año 2000, ninguna de esas cosas sucedieron. ¿Por qué? ¿Se debía a que esa gente no sabía de lo que hablaba? No lo creo. Lo que creo es que tal vez algunos de esos escritores tuvieron una revelación sobre lo que eran las posibilidades, y muchos de nosotros que leímos sus libros o escuchamos sus predicciones oramos para que Dios no permitiera que sucedieran esas cosas.

Todas las semanas durante todo el año que precedió al año 2000, mi grupo de oración y yo oramos juntas por esa amenaza futura. La mayor parte de los creyentes que conozco también oraban por eso. Todas las iglesias que conocía en ese tiempo oraron también por eso. No hay forma de saberlo con certeza, pero creo que no sucedió *nada* porque la gente oró más allá de sí misma cuando supieron lo que *podría* suceder.

¿Cuántas veces se han pronosticado serios acontecimientos, pero que no sucedieron porque la gente oró? Disfrutamos de muchas bendiciones y tenemos la protección de mucho más de lo que sabemos debido a la intercesión de los creyentes.

«Allí ocurre la oración que toca el cetro de todo poder y entonces pasan las cosas», explicó el pastor Jack. «La Biblia dice: "La oración del justo es poderosa y eficaz" (Santiago 5:16). "Eficaz" quiere decir que está energizada más allá de la energía humana. En algunas traducciones dice "la oración ferviente y eficaz". La palabra "ferviente" quiere decir que hay una pasión humana que reconoce su momento y llega a enfrentarse a un sentido de "¡Estoy aquí a propósito!". Es reconocer que Dios quiere hacer algo *conmigo*. Tal vez sienta: "Esto va más allá de mis posibilidades, pero la circunstancia y *mi capacidad de hacerle frente* no se limita a mí porque sé orar más allá de mí mismo. Y si sé orar más allá de mí mismo, puedo mirar a Dios transformar situaciones que van más allá de mí". Esa es la oración intercesora».

El pastor Jack nos enseñó a orar más allá de nosotros mismos por las naciones del mundo. Debido a que Jesús dijo: «Mi casa será llamada casa de oración para todas las naciones» (Marcos 11:17), el pastor Jack quería que nuestra iglesia se comprometiera a orar por cada nación de la tierra. Al principio eso sonaba extenuante e imposible, pero nos alentó a cada uno de nosotros a elegir una nación para orar por ella en forma continuada. Eso no parecía tan abrumador.

Sudáfrica fue lo que se destacó en mi mente, así que decidí orar por ese país. En 1968, estuve allí tres semanas, mientras viajaba con un grupo itinerante que cantaba y era muy popular en aquel tiempo. Acordamos dar conciertos en las ciudades de

Durban, Ciudad de El Cabo y Johannesburgo siempre y cuando pudieran asistir todas las razas. En aquel entonces había una política rígida de segregación en aquel país llamada *apartheid*. Esto significa que cualquier raza que no fuera blanca se denominaba «no blanca» y los dos grupos se mantenían separados el uno del otro. Nos dijeron que a los blancos y los no blancos no se les permitiría estar juntos en el mismo edificio porque sería muy peligroso y la gente podría perder la vida. Así que acordamos dar conciertos para cada grupo en diferentes localidades.

En un almuerzo de recepción para nosotros en Ciudad de El Cabo, tuve el honor de conocer al doctor Christiaan Barnard, quien había realizado con éxito la primera operación de trasplante de corazón. Aquel fue un logro muy notable e innovador porque ahora sería posible para los que esperaban una muerte segura de una enfermedad del corazón, tener la oportunidad de vivir.

Debido a que nuestra reunión era pequeña y privada, tuve la oportunidad de hablar con él brevemente. Nos preguntó dónde actuaría nuestro grupo en las diferentes ciudades, y le dije que teníamos que actuar en diferentes localidades para adaptarnos al sistema de *apartheid*. Sabía que había estudiado en Estados Unidos y pensé que comprendería el recelo que sentía por la separación de la gente en los conciertos. *Entendió* y también me explicó la situación allí.

«Los no blancos componen cerca de setenta y cinco por ciento de la población aquí», me dijo. «Los blancos son una minoría de veinticinco por ciento. Si el *apartheid* terminara de repente, podría haber mucho derramamiento de sangre. Se debe cambiar de forma pacífica y en estos momentos estamos muy lejos de eso».

Una semana más tarde, recibí una vislumbre de cuán verdadera fue esta declaración, cuando en una de las otras ciudades que visitamos ocurrió un terrible accidente. No fuimos testigos de primera mano, pero escuchamos de él muy pronto después que ocurriera.

Las personas no blancas usaban los trenes de esa ciudad para ir desde donde vivían hasta el lugar de trabajo. Sin embargo, los trenes eran operados por blancos. Mientras multitudes de personas esperaban en la estación para tomar el próximo tren, este entró a la estación y por accidente atropelló a una persona no blanca, matándola al instante. En unos pocos momentos, la multitud no blanca sacó al conductor del tren y lo mató. Sucedió con tanta rapidez que fue algo espantoso. Todo el mundo sabía que eso fue una gota que saltó de la olla a presión que estaba a punto de explotar.

Ese incidente me afectó de forma tan profunda que años más tarde quise orar por un pacífico fin al separatismo en Sudáfrica. Este era uno de los países más hermosos que había visto. Las personas allí, de todas las razas, eran afectuosas, dulces, amables y recibían muy bien a la gente. A todo el mundo lo afectaba una situación en la que se sentían muy incómodos y necesitaban la gracia de Dios para ayudarlos a liberarse de ella.

Cuando comencé a orar en forma regular por este asunto, otro recuerdo vívido del tiempo que pasé en Sudáfrica me vino a la memoria. Pensaba en él a menudo desde los años que estuve allí, pero ahora tenía nuevo significado para mí. Sucedió el día que a dos miembros del grupo de cantantes y a mí nos llevaron en un viaje al Cabo de Nueva Esperanza en el extremo sur de Sudáfrica, no muy lejos de la ciudad en la cual nos hospedábamos llamada Ciudad de El Cabo. Nos subimos a la parte superior de una roca muy alta en la playa desde donde veíamos por muchos kilómetros en todas direcciones. Era un día claro, brillante, soleado, hermoso y perfecto, y mientras estaba allí mirando hacia el mar, vi donde el océano Atlántico se encuentra con el océano Índico. Un lado del agua era azul y en el otro era verde. Había una línea que se veía muy bien donde los dos cuerpos de agua se juntaban. Era imponente. Impresionante. Admirable. No podía decidir cuál de los dos colores era más bello.

Ahora, mientras oraba por este país con esa división en la mente, vi la profunda división racial como si fuera esos dos grandes océanos. Colores hermosos en ambos lados, uniéndose en turbulencia y morando uno al lado del otro con libertad y paz. «Señor, haz que estos dos hermosos grupos étnicos coexistan de forma pacífica y esplendorosa como esos dos grandes cuerpos de agua», oré.

Sé que millones de otros creyentes oraron también por este asunto, sobre todo los muchos y fuertes creyentes de Sudáfrica. Así que años más tarde, cuando vi que el sistema del *apartheid* se deshizo de modo tan pacífico, supe que era un milagro en respuesta a la mucha oración. También era un tributo a la grandeza de la gente en aquella nación. Y me hizo sentir bien porque, debido a que oré, fui una pequeña parte en algo grande que hizo Dios.

Quiero que usted experimente lo mismo. Quiero que sepa lo maravilloso que es orar por algo en el mundo y ver cómo Dios se mueve en respuesta a la oración. Quiero que sepa que sin importar donde esté, puede ser parte de lo que Dios hace en la tierra.

El mundo necesita más que nunca de nuestras oraciones. La batalla no se torna más fácil, está cobrando mayor intensidad. Dios quiere levantar su ejército para que sea una respuesta corporal a las crisis. Nuestras oraciones no van a hacer que Dios cambie de idea ni evitar que sucedan cosas que ha ordenado. Sin embargo, nadie sabe el tiempo de ciertos acontecimientos profetizados. ¿Qué pasa si estos hechos no van a suceder por otros cien años? Algunas veces parece que el mundo está yendo cuesta abajo con tanta rapidez que no hay nada que podamos hacer excepto prepararnos para lo peor y esperar el regreso del Señor. ¿Pero qué pasa si el Señor no regresa durante nuestra vida? ¿Cómo será el mundo dentro de veinte años si no oramos hoy? ¿Cómo podemos simplemente observar y dejar que la gente sufra cuando tenemos el poder de ser determinantes? Debemos recordar que sin importar lo malas que sean las cosas en el mundo, serían mucho peor si nadie orara.

Es por eso que el pastor Jack y yo somos miembros del World Prayer Team [Equipo de oración mundial], cuyo sitio Web es: www.worldprayerteam.org. También le invitamos a que se haga miembro de esta organización. Al igual que The Presidential Prayer Team [Equipo de oración por el Presidente] que se mencionó antes, no hay cargo alguno para inscribirse, y todas las semanas le notificarán los asuntos por los cuales orar. Esto es sobre todo útil en tiempos de crisis o asuntos importantes en el mundo, los cuales en los últimos tiempos ocurren a diario. La única manera de tener una reunión de oración masiva es por medio de la Internet y ahora puede suceder en un momento. De esta manera se puede impulsar un movimiento de oración global.

«Dios siempre es firme con sus propias regulaciones», dijo el pastor Jack. «Por el absoluto derecho de su soberanía, puede hacer cualquier cosa, en cualquier lugar, en cualquier tiempo y de cualquier forma. Con todo, no lo hace. Se confina a sí mismo al proceso redentor obrado a través de la cruz de su Hijo y entregado por el ministerio del Espíritu Santo a la iglesia que redimió su Hijo. No nos equivoquemos. La voluntad de Dios es clara. Quiere que aceptemos lo que Él quiere hacer en nuestro mundo. No nos hubiera dirigido a hacer la invitación a través de la oración si no fuera una parte necesaria de su propósito y proceso. Los intercesores engendrados por el Espíritu Santo pronostican nueva vida, nueva esperanza y nuevas posibilidades a los individuos atrapados en lo imposible. *La intercesión le puede garantizar a alguien un mañana porque nosotros obedecimos al Espíritu Santo hoy»*.

Uganda fue uno de los países por los que oramos en nuestras reuniones semanales en la iglesia. Lo presidía un brutal dictador, Idi Amin, que mató casi medio millón de personas de su país durante su gobierno. Las atrocidades que escuchábamos causaron que intercediéramos con fervor a fin de que Dios quitara a Amin del poder y que derramara su Espíritu en esa nación. No sucedió de la noche a la mañana, pero al final lo derrocaron. En aquel entonces, una persona corría peligro de muerte si era cristiana. Hoy, más de noventa por ciento de los veinticuatro millones de habitantes en Uganda son cristianos. Es algo del todo fantástico. Oramos más allá de nosotros mismos y la respuesta a nuestras oraciones fue más allá de lo que soñamos.

Cuando todos nos unimos en oración por el mundo, podemos resistir al diablo a favor de personas que no saben hacerlo. Podemos derribar las fortalezas del mal y hacerlas desaparecer. Podemos amar a otros, llorar con los que lloran y lograr que la gente llegue al conocimiento de Jesucristo. Podemos ayudar a otras personas a que encuentren liberación, sanidad, esperanza, paz y gozo. Podemos llegar a ser un instrumento a través del cual Dios toca a las personas y las situaciones que ni siquiera imaginamos que llegaríamos a influir. Cada uno de nosotros puede ser determinante cuando en verdad entendemos y aprovechamos el poder de orar juntos.

¿Qué estamos esperando para hacerlo?

∽ ∽ ∽

El poder de la oración

Señor, ayúdame a tener fe para creer que mis oraciones, junto con las oraciones de mis hermanos y hermanas en Cristo en todo el mundo, serán determinantes en las naciones. Muéstrame cada día el país y el pueblo por los que quieres que ore. En forma específica, hoy oro por el país de _____.
Lo que oro por el líder de ese país es _____.
Lo que oro por la gente de ese país es _____.

Señor, sé por tu Palabra que tú eres el que pones y depones reyes (Daniel 2:21). Oro que quites todo el mal y a todos los gobernadores impíos. Levanta líderes piadosos y justos que los sustituyan y sé tú el que gobierne ese país. Los líderes que se encuentran en mi corazón en forma específica son _____
_____. Permite que sean líderes piadosos o sustitúyelos con líderes que lo sean para que las personas en estos países tengan paz. Gracias que el producto de la justicia será la paz y que su fruto será tranquilidad y seguridad perpetuas (Isaías 32:17).

Muéstranos tus caminos, Señor; enséñanos tus sendas. Guíanos en tu verdad y enséñanos porque tú eres el Dios de nuestra salvación (Salmo 25:4-5). «Que te alaben, oh Dios, los pueblos; que todos los pueblos te alaben. Alégrense y canten con júbilo las naciones, porque tú las gobiernas con rectitud; ¡tú guías a las naciones de la tierra!» (Salmo 67:3-4). Capacita a los países del mundo a fin de que se reúnan y cooperen de manera pacífica. En forma específica oro por (nombre cualquier país donde haya guerra o luchas civiles). Trae paz a estas naciones y a sus pueblos.

En cualquier lugar que haya personas perseguidas por su fe, oro que las protejas. Rompe la atadura de esas falsas religiones de las personas que las persiguen. En forma específica oro por (nombre las personas que necesitan conocer al Señor). Derrama tu Espíritu en cada país y sobre los líderes de todos los gobiernos. Revélales la verdad de quién eres. En forma específica oro que envíes misioneros, evangelistas y obreros cristianos a (<u>nombre los países o zonas</u>) _____

_____

_____.

Levanta a hombres y mujeres en el cuerpo de Cristo que «vayan por todo el mundo y anuncien las buenas nuevas a toda criatura» (Marcos 16:15). Envía mensajeros y misioneros para que les digan a las personas quién eres tú y lo que has hecho por ellas. Derrama tu Espíritu sobre todos ellos y úngelos para que prediquen el evangelio a los pobres. Envíalos a sanar a los quebrantados de corazón, a «proclamar libertad a los cautivos» y a «dar vista a los ciegos». Ayúdalos a «poner en libertad a los oprimidos» (Lucas 4:18). Protege a tus siervos de la persecución. Sé tú con ellos porque los mandaste a que «hagan discípulos de todas las naciones» (Mateo 28:19). Provee para todas sus necesidades.

Señor, tú eres la luz del mundo y yo declaro que tú eres Señor sobre todas las naciones de la tierra. Sé que tu luz brilla en la oscuridad, aun cuando las tinieblas no la comprendieron (Juan 1:4-5, LBLA), y sé que tu luz siempre prevalecerá. Establece tu reino en la tierra y ayúdanos a nosotros, tus hijos, a ser personas a través de las cuales brille tu luz y por medio de quienes tú toques al mundo para tu gloria. Oro en el nombre de Jesús.

∽ ∽ ∽

El poder de la Palabra

Pídeme, y como herencia te entregaré
las naciones; ¡tuyos serán los
confines de la tierra!

SALMO 2:8

Quédense quietos, reconozcan que yo soy Dios.
¡Yo seré exaltado entre las naciones!
¡Yo seré enaltecido en la tierra!

SALMO 46:10

El SEÑOR domina sobre todas las naciones;
su gloria está sobre los cielos. ¿Quién
como el SEÑOR nuestro Dios, que tiene su
trono en las alturas y se digna
contemplar los cielos y la tierra?

SALMO 113:4-6

El SEÑOR recorre con su mirada toda
la tierra, y está listo para ayudar
a quienes le son fieles.

2 CRÓNICAS 16:9

Mira, hoy te doy autoridad sobre naciones y
reinos, para arrancar y derribar, para destruir y
demoler, para construir y plantar.

JEREMÍAS 1:10